K.L.A.R. reality

LITERATUR-KARTEI

Petra Bartoli y Eckert

Verlag an der Ruhr

Impressum

Literatur-Kartei „Abgestürzt"
Ein autobiografischer Jugendroman

Autorin: Petra Bartoli y Eckert
Illustrationen: Michael Schulz
Druck: Druckerei Uwe Nolte, Iserlohn

Verlag an der Ruhr

Alexanderstraße 54 – 45472 Mülheim an der Ruhr
Postfach 10 22 51 – 45422 Mülheim an der Ruhr
Tel.: 02 08 / 439 54 50 – Fax: 02 08 / 439 54 239
E-Mail: info@verlagruhr.de
www.verlagruhr.de

© Verlag an der Ruhr 2009
ISBN 978-3-8346-0575-7

geeignet für die Klasse: 8 9 10

Die Schreibweise der Texte folgt der neuesten Fassung der Rechtschreibregeln – gültig seit August 2006.

Wir sind seit 2008 ein ÖKOPROFIT®-Betrieb und setzen uns damit aktiv für den Umweltschutz ein. Das ÖKOPROFIT®-Projekt unterstützt Betriebe dabei, die Umwelt durch nachhaltiges Wirtschaften zu entlasten.

Das Werk und seine Teile sind urheberrechtlich geschützt. Jede Verwendung in anderen als den gesetzlich zugelassenen Fällen bedarf der vorherigen schriftlichen Einwilligung des Verlages. Die im Werk vorhandenen Kopiervorlagen dürfen für den eigenen Unterrichtsgebrauch in der jeweils benötigten Anzahl vervielfältigt werden. Der Verlag untersagt ausdrücklich das Speichern und Zurverfügungstellen dieses Buches oder einzelner Teile davon im Intranet (das gilt auch für Intranets von Schulen), Internet oder sonstigen elektronischen Medien. Kein Verleih.

Ein weiterer Beitrag zum Umweltschutz:

Das Papier, auf das dieser Titel gedruckt ist, hat ca. **50% Altpapieranteil,** der Rest sind **chlorfrei** gebleichte Primärfasern.

Inhaltsverzeichnis

4 | Vorwort

Textverständnis

5 |

6	T 1	Ein autobiografischer Jugendroman	zu Über dieses Buch
7	T 2	Metapher	zum Vorwort
8	T 3	Maries Kindheit	zu Kapitel 1
9	T 4	Drogenabhängige Eltern	zu Kapitel 2
10	T 5	Maries kleine Brüder	zu Kapitel 2
11	T 6	Abschied von der Mutter	zu Kapitel 2
12	T 7	Trauer	zu Kapitel 3
13	T 8	Marie und Günther	zu Kapitel 3
14	T 9	In der Pflegefamilie	zu Kapitel 4
15	T 10	Marie und die Liebe	zu Kapitel 4
16	T 11	Zurück zur Oma	zu Kapitel 5
17	T 12	Erste Drogenerfahrungen	zu Kapitel 5
18	T 13	Absturz	zu Kapitel 6
19	T 14	Marie und Justus	zu Kapitel 6
20	T 15	Die erste eigene Wohnung	zu Kapitel 7
21	T 16	Schiefgelaufen	zu Kapitel 7
22	T 17	Beziehungen zerbrechen	zu Kapitel 8
23	T 18	Geld für Drogen	zu Kapitel 8
24	T 19	Veränderungen	zu Kapitel 9
25	T 20	Marie und Marcel	zu Kapitel 9
26	T 21	Neuanfang	zu Kapitel 10
27	T 22	Ein Brief an Marie	keine Kapitelzuordnung

Hintergrundinformationen

28 |

29–31	H 1	AIDS	zu Kapitel 1
32–34	H 2	Schutz vor AIDS	zu Kapitel 2
35–37	H 3	Tod der Eltern	zu Kapitel 3
38–40	H 4	Sexuelle Gewalt	zu Kapitel 3
41–43	H 5	Leben in der Pflegefamilie	zu Kapitel 4
44–46	H 6	Verschiedene Rauschmittel	zu Kapitel 5
47–49	H 7	Gefahr Drogen	zu Kapitel 6

Material

50 |

51–56	M 1 – M 24	Karteikarten mit weiterführenden Aufgaben	
57–60	M 25 – M 32	Farbfotos	

61 | Lösungen
64 | Literatur- und Linktipps

Vorwort

Liebe Lehrer,*

AIDS, Tod, Drogen – der autobiografische Jugendroman „Abgestürzt" greift harte, aber reale Themen auf.

Die vorliegende Literatur-Kartei soll Ihnen helfen, diese Themen mit Ihren Schülern im Unterricht zu behandeln. Sie ist in zwei Teile gegliedert.

1. Sie finden **nach Schwierigkeitsstufen differenzierte Arbeitsblätter**, mit denen Ihre Schüler eigenständig arbeiten können. Die Arbeitsblätter sichern das **Textverständnis** und liefern **Hintergrundinformationen** zu den Schwerpunktthemen des Romans. Außerdem finden Sie **Materialseiten** mit Farbfotos und Karteikarten für Projektaufgaben, Rollenspielen u.v.m. Die Karteikarten beziehen sich in der Regel nicht auf konkrete Textstellen oder Kapitel des Romans, sondern sind flexibel einsetzbar. Sie können sie immer dann nutzen, wenn es sich gerade anbietet, z.B. zur Differenzierung, wenn Schüler früher fertig sind, als Hausaufgabe, zur Freiarbeit, zum Einstieg oder zum Abschluss einer Stunde, als Impuls oder Denkanstoß. Der Materialteil stellt so eine sinnvolle Ergänzung zu den Arbeitsblättern dar.

2. Die zusätzlich beigefügte **Lehrerhandreichung** enthält wichtige **didaktische und pädagogische Hinweise zur Arbeit mit dem Roman**. Hier erhalten Sie Hilfestellung zum Umgang mit den schwierigen Themen des Romans und erfahren, wie Sie diese Themen sinnvoll im Unterricht behandeln können. Außerdem erhalten Sie konkrete Vorschläge für Unterrichtseinheiten, die Sie anhand der einzelnen Arbeitsblätter und Materialien in diesem Papphefter gestalten können.

* Aus Gründen der besseren Lesbarkeit haben wir in diesem Buch durchgehend die männliche Form verwendet. Natürlich sind damit auch immer Frauen und Mädchen gemeint, also Lehrerinnen, Schülerinnen etc.

 Noch eine Information zu den Arbeitsblättern selbst: Im ersten Teil dieser Literatur-Kartei finden Sie **textnahe/weiterführende Aufgaben** zu allen Kapiteln des Romans. Diese Arbeitsblätter sind durch das obenstehende Symbol gekennzeichnet. Auf jedem Arbeitsblatt finden Sie Aufgaben in drei unterschiedlichen Schwierigkeitsstufen. Zusätzlich gibt es Aufgaben, die alle Schüler bearbeiten sollen. Sie werden durch die Symbole in der Legende ausgewiesen.

Im zweiten Teil finden Sie Arbeitsblätter mit **Hintergrundinformationen** zu den wichtigen Schwerpunktthemen des Romans. Diese Arbeitsblätter werden durch das oben abgebildete Symbol gekennzeichnet. Hier erhalten Sie zu allen drei Schwierigkeitsstufen jeweils ein Arbeitsblatt. Die Texte sowie die Aufgaben auf den Arbeitsblättern sind unterschiedlich komplex und anspruchsvoll, enthalten aber grundsätzlich die gleichen Informationen.

Folgende Symbole weisen die **Schwierigkeitsstufen** der Arbeitsblätter und Aufgaben aus:

 Schwierigkeitsgrad 1: **leicht**

 Schwierigkeitsgrad 2: **mittel**

 Schwierigkeitsgrad 3: **anspruchsvoll**

 Aufgaben für **alle** *Schüler*

Lösungen zu den Aufgaben finden Sie auf den Seiten 61–63. Auf der Seite 64 erhalten Sie weiterführende **Literatur-** und **Linktipps**. Wir hoffen, dass Ihnen die Arbeit mit der Literatur-Kartei die Unterrichtsvorbereitung erleichtert und Sie und Ihre Schüler viel Freude daran haben.

Textverständnis

Ein autobiografischer Jugendroman

1. Der Titel des Romans heißt „Abgestürzt. Ein autobiografischer Jugendroman". Weißt du, was autobiografische Romane sind? Versuche, eine Definition zu finden. Schaue dazu noch einmal in den Text „Über dieses Buch" (Roman, S. 5–7).
2. Was glaubst du, worum es in dem Roman wohl gehen wird? Überlege, was du bereits im Titel erfährst. Erzähle in drei Sätzen, was du über den Inhalt des Romans vermutest.

3. Der Roman, den du gerade liest, ist ein autobiografischer Roman. Die Hauptperson – Marie – möchte allerdings, nicht erkannt werden und schreibt deshalb nicht unter ihrem richtigen Namen. Was sind die Gründe dafür? Beantworte die Frage, ohne noch einmal in den Text zu schauen.

4. Lies noch einmal die Seiten 5–7 im Roman. Erkläre in deinen eigenen Worten, wie der Roman entstanden ist. Halte deine Überlegungen schriftlich in deinem Lektüre-Arbeitsheft fest.

5. Recherchiere im Internet oder in einem Lexikon, was Autobiografien sind. Stelle dann der Klasse deine Ergebnisse vor.

Vielleicht hast du auch Lust, zu recherchieren, welche „berühmten" Autobiografien es gibt?

6. Schaut euch gemeinsam das Titelbild des Romans an. Allein durch den Titel „Abgestürzt" erfahrt ihr schon eine ganze Menge über den Inhalt. Das Titelbild sagt aber noch viel mehr aus. Stellt in der Klasse Vermutungen an, worum es in dem Roman wohl gehen könnte. Überlegt auch, warum der Verlag wohl gerade dieses Motiv für das Titelbild gewählt hat. Könntet ihr euch auch andere Motive vorstellen?

Metapher

Vorwort

SEITE 8

> Es war ein großer Schritt für mich, mich wie „ein offenes Buch" lesen zu lassen und allen Leuten meine Geschichte zu erzählen. Mich forderte es heraus, und ich hatte auch Angst davor, diese Geschichte zu schreiben. Aber ich wollte diese Angst überwinden und nicht vor ihr davonlaufen, wie ich es früher gemacht hätte.

Mit dem Begriff „sich wie ein offenes Buch lesen lassen" verwendet Marie ein Bild, mit dem sie etwas beschreibt. Situationen so zu beschreiben, nennt man **Metapher**. Beispiele für Metaphern sind „jemandem das Herz brechen" oder „den Nagel auf den Kopf treffen". Durch die Verwendung von Metaphern entstehen beim Leser oder Zuhörer Bilder im Kopf. So kann er sich leichter vorstellen, wie die Gefühle oder die Lage des Erzählers wirklich waren. Daher muss man eine Metapher nicht im wörtlichen, sondern im übertragenen Sinn verstehen.

1. Lies dir den Text durch, und kreuze an, welcher Satz zutrifft:

Was meint Marie damit, dass sie nun wie „ein offenes Buch" gelesen werden kann?
a. Sie liest selbst gerne und möchte andere zum Lesen ermutigen. ☐
b. Sie erzählt ganz persönliche Dinge über sich, die viele Leute hier lesen können. ☐
c. Sie erzählt gerne lustige Geschichten. ☐

Wie fühlt Marie sich bei dem Gedanken, dass alle sie „lesen können wie ein offenes Buch"?
a. Sie freut sich darauf, zu hören, was die anderen zu der Geschichte sagen werden. ☐
b. Sie ist ärgerlich darüber, dass andere nun ihre Geschichte kennen. ☐
c. Sie hat Angst davor, ihre Geschichte zu erzählen. ☐

2. In ihrem Vorwort verwendet Marie noch weitere Metaphern. Finde heraus, welche es sind.

3. Warum hat sich Marie trotz ihrer Angst dazu entschlossen, ihre Geschichte in einem Buch zu veröffentlichen?

4. Das Sprichwort „Ein Bild sagt mehr als tausend Worte" beschreibt den Sinn einer Metapher und ist selbst eine solche. Was ist damit gemeint?

5. Welche Metaphern kennst du noch? Überlege, was sie bedeuten und wann man sie verwenden kann.

6. Um Maries Gefühl zu beschreiben, kann man noch andere Bilder und Metaphern verwenden. Versucht, euch in Marie hineinzuversetzen und andere Vergleiche für ihre Situation zu finden. Sammelt diese an der Tafel.

TEXTVERSTÄNDNIS T 3 | Kapitel 1 – Erste Erinnerungen

Maries Kindheit

1. Lies dir das erste Kapitel noch einmal in Ruhe durch. Unten findest du einige Aussagen zur Geschichte. Welche treffen zu, welche sind falsch?

	richtig	falsch
a. Beide Eltern von Marie waren drogenabhängig.		
b. Marie wuchs einen Teil ihrer Kindheit bei ihren Großeltern auf.		
c. Marie hat keine Geschwister.		
d. Maries Mutter mochte es, dass Marie ihrem Vater ähnlich war.		
e. Während ihrer Kindheit hatte Marie häufig Kontakt zu ihrem Vater.		

2. Bringe ein Kinderfoto von dir mit in den Unterricht. Weißt du noch, wann es aufgenommen wurde und was da gerade los war? Versuche, dich daran zu erinnern, und tausche dich mit deinem Tischnachbarn dazu aus.

3. Beantworte folgende Fragen in deinem Lektüre-Arbeitsheft:

   a. Marie beschreibt ihre ersten Jahre bei ihrer Mutter. Warum gibt die Mutter Marie schließlich weg?
   b. Wo lebt Marie, als sie nicht mehr bei ihrer Mutter sein kann? Wie beschreibt sie die Zeit bei ihrer „Ersatzmutter"?
   c. Maries Mutter findet einen neuen Partner, und sie holt Marie wieder zu sich. Wie hat Maries Mutter sich in dieser Zeit verändert? Welches Verhältnis hat Marie zum neuen Partner ihrer Mutter?
   d. Was weiß Marie von ihrem leiblichen Vater? Woher hat sie die Informationen?

4. Kannst du dir vorstellen, wie Marie sich gefühlt hat, als sie von ihrer Mutter zu ihrer Oma und dann wieder zurück zur Mutter gezogen ist? Versuche, dich in Maries Lage zu versetzen. Suche dir einen Partner, und tausche dich mit ihm dazu aus.

5. Unterteile das erste Kapitel in Abschnitte. Zeichne das folgende Diagramm in dein Lektüre-Arbeitsheft ab. Wie geht es Marie in den einzelnen Phasen ihrer Kindheit? Trage deine Einschätzung ein, und verbinde die Punkte. So erhältst du eine Stimmungskurve von Marie. Was kannst du daran ablesen?

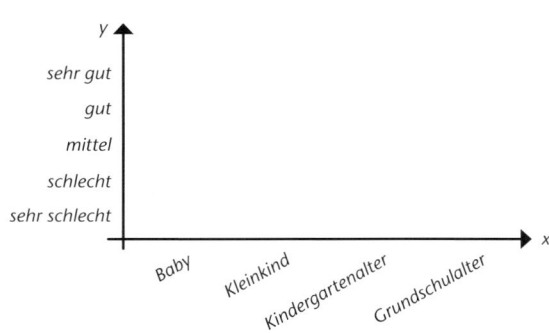

6. Sucht euch einen Partner, mit dem ihr gerne sprechen wollt. Tauscht euch zu folgenden Fragen aus: Wo habt ihr eure frühe Kindheit verbracht? An welche glücklichen oder traurigen Augenblicke könnt ihr euch noch erinnern?

TEXTVERSTÄNDNIS T 4

Kapitel 1 – Erste Erinnerungen

Drogenabhängige Eltern

Im ersten Kapitel erläutert Marie die Situation in ihrer Familie und wie sie sich im Laufe der Zeit verändert. Gründe für Probleme, Trennungen oder Streit waren immer wieder die **Drogen**, die Maries Eltern nahmen. Marie lernte früh verschiedene Rauschmittel kennen, weil ihre Eltern und auch der neue Partner der Mutter Drogen nahmen.

1. Lies dir das erste Kapitel noch einmal durch. Beantworte dann folgende Fragen: Von welchen Drogen erzählt Marie im ersten Kapitel ihrer Geschichte? Im folgenden Kasten findest du verschiedene Silben. Bilde damit Wörter verschiedener Rauschmittel, die im ersten Kapitel erwähnt sind. Beachte, dass auch „falsche" Silben dabei sind, die nicht verwendet werden müssen.

Je	Al	Ger	He	hol	ber	seg	mal	tas
Gol	ko	ro	ket	in	mus	Kas	Ex	ri
Ma	in	ana	hu	hol	bei	sed	der	en

2. Welche Drogen kennst du noch? Suche dir einen Partner, und sammelt gemeinsam Bezeichnungen für alle Rauschmittel, die euch einfallen.

3. Welche für Marie wichtigen Personen waren von welchen Drogen abhängig? Notiere dir Stichpunkte dazu in deinem Lektüre-Arbeitsheft.

4. Marie kommt früh mit Drogen in Berührung. Was kann der Drogenkonsum in Maries Umfeld für Auswirkungen auf das junge Mädchen haben?

5. Drogen verändern die Lebenswelt von Marie. Welche Auswirkungen haben die Drogen auf den Körper und das Verhalten der Personen, bei denen Marie lebt? Suche passende Textstellen heraus, und schreibe sie in dein Lektüre-Arbeitsheft.

6. Kennst du noch andere Auswirkungen von Drogen? Tausche dich dazu mit einem Partner aus.

7. Warum fängt jemand wohl an, Drogen zu nehmen? Was erhofft er sich von den Drogen? Ist es schwer, die Finger von Drogen zu lassen? Diskutiert darüber in der Klasse.

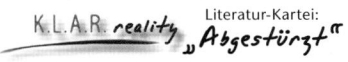

TEXTVERSTÄNDNIS T 5 — Kapitel 2 – Die Krankheit und der Tod meiner Mutter

Maries kleine Brüder

Im zweiten Kapitel erzählt Marie von der **Krankheit** und dem **Tod** ihrer Mutter. Doch es passieren auch noch andere wichtige Dinge in Maries Leben. Trotz **AIDS** entschließen sich Marianne und Günther dazu, gemeinsam noch ein weiteres Kind zu bekommen.

1. Fülle im folgenden Text sinnvoll die Lücken mit einem oder mehreren Wörtern. Lies dir dazu das zweite Kapitel genau durch. Entscheide dann, was in die Zeilen gehört.

   Marie war _____ alt, als ihr zweiter Bruder Felix

   per _____ zur Welt kam. Auch er war, genauso wie Marie und Noah,

   nicht mit dem _____ infiziert.

   Ihrer Mutter ging es nach der Geburt sehr schlecht. Sie wurde immer schwächer.

   Eine _____ von der Caritas kümmerte sich von da an

   um _____ , wenn _____ arbeitete

   und Marianne krank im Bett lag oder im _____ war.

   Marie kümmerte sich viel um Noah und Felix. Sie hatte immer das Gefühl,

   sie _____ zu müssen und wollte _____ .

2. Wie steht Marie zu ihrem zweiten kleinen Bruder? Beschreibe Maries Verhältnis zu ihm mit deinen eigenen Worten.

3. Welche Aufgaben übernimmt Marie als älteste Schwester?

4. Maries Mutter hat trotz HI-Virus zuerst Noah und schließlich Felix geboren. Dass sie die Krankheit an ihre Kinder übertragen konnte, wusste sie. Aber es gibt sicher auch Gründe dafür, warum sich Maries Mutter noch ein Kind gewünscht hat. Wie denkst du darüber?

5. Sprecht gemeinsam darüber: Wann ist es schön, einen Bruder oder eine Schwester zu haben? Gibt es auch manchmal Probleme und Streit? Wer übernimmt von euch zu Hause welche Rollen und Aufgaben?

TEXTVERSTÄNDNIS T6 — Kapitel 2 – Die Krankheit und der Tod meiner Mutter

Abschied von der Mutter

SEITE 28

SEITE 33-34

Letztendlich hat jeder in unserem Umfeld gehofft, dass doch noch ein Wunder geschehen und meine Mutter gesund würde. [...]
Bei meinem nächsten Besuch wurde sie künstlich ernährt und Sauerstoffschläuche führten in ihre Nase.
So sah ich sie zum letzten Mal – sie war in sich zusammengefallen, ihre Haut so dünn wie Pergamentpapier. Ihre Knochen zeichneten sich deutlich darunter ab. Schläfrig war sie von den Medikamenten, die ihr die Schmerzen und den bevorstehenden Abschied erträglicher machen sollten.

1. Lies dir das zweite Kapitel noch einmal in Ruhe durch. Hast du alles verstanden? Schreibe alle Fremdwörter oder Wörter, die du nicht kennst, in die linke Spalte der Tabelle. Suche im Lexikon oder im Gespräch mit deinem Nachbarn eine Erklärung für die Wörter. Diese kannst du in der rechten Spalte neben das jeweilige Wort eintragen.

unbekanntes Wort	Erklärung

2. Welche Symptome hat Maries Mutter, als die Krankheit AIDS bei ihr ausbricht?

3. Wie verabschiedet sich Maries Mutter von ihr? Finde zwei Textstellen dazu.

4. Stelle dir vor, Marie führt in der Zeit des Abschiedes von der Mutter ein Tagebuch. Formuliere einen Eintrag, den sie gemacht haben könnte. Schreibe ihn in dein Lektüre-Arbeitsheft.

5. Womit lenkt Marie sich von der Krankheit und dem bevorstehenden Tod der Mutter ab? Was tröstet sie?

6. Kurz vor dem Tod ihrer Mutter ist auch Maries Vater verstorben. Warum fällt ihr dieser Abschied nicht so schwer wie der von ihrer Mutter?

7. Sich von einem geliebten Menschen zu verabschieden, tut weh. Nehmt euch einen Zettel, und schreibt tröstende Gedanken darauf. Welche Worte würden euch gut tun, wenn ein Abschied vor euch liegen würde? Schreibt diese Worte auf euren Zettel, und sammelt die Zettel von allen Schülern in einer Kiste. Jeder soll sich hier einen Zettel mit einem Gedanken herausnehmen dürfen, wenn er Trost und ermutigende Worte braucht.

TEXTVERSTÄNDNIS T 7

Kapitel 3 – Wie alles auseinanderbrach

Trauer

1. Als Maries Mutter stirbt, bricht für Marie eine Welt zusammen. Folgende Sätze erzählen darüber. Verbinde die Teile, die zueinander gehören, und schreibe die richtigen Sätze in der Reihenfolge, in der sie im Kapitel vorkommen, in dein Lektüre-Arbeitsheft.

Sie kommt O	O verschwimmen in meinem Gedächtnis.
Die folgenden Tage und Wochen O	O nicht begreifen.
Alles vermischte sich O	O zu einem dumpfen Gefühl.
Ich konnte es O	O der mich in die Tiefe zog.
Wie ein Sog, O	O nicht mehr wieder!

2. Was verstehst du unter dem Wort „Trauer"? Versuche, es deinem Tischnachbarn zu erklären.

3. Jeder aus Maries Familie geht anders mit seiner Trauer um. Lies dir den Anfang des dritten Kapitels noch einmal in Ruhe durch. Schreibe dann aus dem Text die Personen heraus, die genannt werden. Versuche, daneben in Stichworten jeweils aufzuschreiben, wie sie mit ihrer Trauer um Marianne umgehen.

4. „Marie war in dieser Zeit überfordert." Was denkst du über diese Aussage? Erkläre, wie du zu deiner Einschätzung kommst.

5. Versuche, dich in Maries Situation zu versetzen. Wie fühlt sich die Situation an? Was geht in Marie vor? Finde jeweils mindestens fünf Substantive, Verben und Adjektive für Maries Gefühle und das, was sie vielleicht tut.

6. Die Krankheit AIDS ist bisher noch nicht heilbar und verläuft schließlich immer tödlich. Suche im Internet nach aktuellen Zahlen über Betroffene und Todesfälle in Deutschland (z.B. unter http://de.statista.com/statistik/studien/q/aids/). Schreibe deine Erkenntnisse auf einem Notizzettel in Stichpunkten auf. Informiere dann die Klasse über die Fakten zum Thema „an AIDS sterben".

7. Trefft euch zu zweit oder dritt, und überlegt euch, wie ihr Trauer ohne Worte ausdrücken könnt. Welche Körperhaltungen, Gesten und Gesichtsausdrücke braucht ihr, damit andere merken, dass ihr trauert? Spielt diese „Trauerpantomime" den anderen aus der Klasse vor.

TEXTVERSTÄNDNIS T 8   Kapitel 3 – Wie alles auseinanderbrach

Marie und Günther

1. Nach dem Tod ihrer Mutter lebt Marie mit ihren beiden Brüdern bei ihrem Stiefvater Günther. Lies dir das dritte Kapitel durch. Drei der folgenden Aussagen sind falsch. Finde heraus, welche es sind, ohne dazu noch einmal in den Text zu schauen.

   a. Günther pumpt sich mit Drogen aller Art voll.
   b. Er bittet Marie, seine Beutel mit Pillen und Heroin wegzuschmeißen.
   c. Günther kocht sich oft Grog.
   d. Er kümmert sich gut um die drei Kinder.
   e. Günther fasst Marie an Stellen an, wo sie es auf keinen Fall will.
   f. Marie schläft seit dem Tod ihrer Mutter immer in ihrem eigenen Zimmer.

2. Marie und Günther haben ein schwieriges Verhältnis. Glaubst du, Marie ist trotzdem manchmal froh, Günther zu haben? Warum?

3. Finde zu folgenden Schlagworten jeweils einen Textabschnitt im dritten Kapitel, und schreibe ihn in dein Lektüre-Arbeitsheft.
   a. Allein gelassen
   b. Drogen
   c. Missbrauch
   d. Überdosis

4. Maries Verhältnis zu Günther ist sehr unterschiedlich. Trotz vieler negativer Erlebnisse kümmert sich Marie auch um Günther. Woran erkennst du, dass Marie sich Sorgen um Günther macht?

5. Günther betrachtet Marie als Vertrauensperson und behandelt sie wie eine Erwachsene, obwohl sie noch ein Kind ist. Dadurch „missbraucht" er Marie im übertragenen und im wörtlichen Sinn. Was ist damit gemeint? Suche dir einen Partner, und diskutiere mit ihm darüber.

6. Wenn du ein Freund oder eine Freundin von Marie wärst, was hättest du ihr in dieser Situation geraten? Wie hättest du gehandelt?

7. Wo sind deine Grenzen? Schreibe auf einen Zettel alle Dinge, die auf keinen Fall jemand mit dir machen darf.

Male dann ein großes „Nein" über alle gesammelten Punkte.

TEXTVERSTÄNDNIS T 9

Kapitel 4 – Die Fischers

In der Pflegefamilie

1. Im folgenden Text haben sich Fehler eingeschlichen.
   Lies dir das vierte Kapitel in Ruhe durch, und unterstreiche
   die falschen Worte. Schreibe die Sätze richtig in dein Lektüre-Arbeitsheft.

   Die Fischers waren mit Günther befreundet. Manchmal besuchten sie uns Kinder und brachten uns Spielsachen vorbei. Ich konnte mir nicht gut vorstellen, eine Weile bei ihnen zu bleiben, denn ich fand sie ganz schrecklich. Trotzdem verbrachte ich ein paar Wochen bei ihnen. Ich ging fest davon aus, dass ich bald wieder zu meiner Oma zurückgehen würde. Bis Jakob Fischer eines Abends nach Hause kam und verkündete, dass ich nun ihr Pflegekind wäre.
   Ich war so vor den Kopf gestoßen, dass ich nur noch in mein Zimmer lief und weinte. Jetzt erst hatte ich Zeit, richtig um meine Mutter zu trauern. Ich fand es so ungerecht. Mama war erst 37 Jahre alt gewesen, als sie starb.
   Die Fischers verstanden mein Verhalten sehr gut.

2. In der Pflegefamilie gibt es für Marie viele strenge Regeln.
   Welche Regeln gelten in deiner Familie? Sprecht über die verschiedenen Regeln, die es bei euch zu Hause gibt, in der Klasse.
   Gibt es Regeln, die bei euch allen gelten? Welche Regeln findet ihr sinnvoll, welche mögt ihr nicht?

3. Marie lebt jetzt bei Familie Fischer. Eines Abends erfährt sie, dass sie nun deren Pflegekind sei. Wie fühlt Marie sich, als sie davon erfährt?

4. Als Marie aufgefordert wird, Herrn Fischer „Papa" zu nennen, rennt sie aus dem Zimmer und knallt die Tür zu. Warum, denkst du, hat Marie so reagiert?

5. Stelle dir vor, du kennst Marie persönlich. Nun willst du einem Freund erklären, wie Marie bei den Fischers erzogen wird und welchen Erziehungsstil ihre Pflegeeltern haben. Suche dir einen Partner, und erkläre ihm deine Gedanken dazu.

6. Wie sieht Maries Reaktion auf die Erziehungsmaßnahmen ihrer Pflegeeltern aus? Finde mindestens fünf verschiedene Beispiele aus dem Text, die das belegen.

7. Bildet Kleingruppen von vier bis fünf Schülern. Sucht euch eine Textstelle aus dem Kapitel aus. Spielt diese gemeinsam nach, und führt eure Szene der Klasse vor.

TEXTVERSTÄNDNIS T 10

Kapitel 4 – Die Fischers

Marie und die Liebe

 1. Lies dir das vierte Kapitel noch einmal durch. Finde heraus, welche Person was sagt oder denkt. Schreibe den jeweiligen Namen der Person neben den entsprechenden Satz.

Sex findet nur in der Ehe statt. _____

Was soll die blöde Fragerei? _____

Jetzt ist er total durchgedreht. _____

Du hast doch bestimmt mit Jungs herumgelungert!? _____

Gehorche, und befolge Gottes Gesetz! _____

2. Stelle dir vor, Marie schreibt einen Brief an eine Freundin. Darin erzählt sie von ihrer ersten Liebe und von Herrn Fischer. Formuliere diesen Brief, und schreibe ihn in dein Lektüre-Arbeitsheft.

 3. Marie beschreibt ihre Gefühle in der Zeit bei den Fischers als ein großes Bedürfnis nach Liebe. Aber ihre Pflegeeltern können ihr dieses Bedürfnis nicht erfüllen. Warum?

4. Wie würdest du die Reaktion von Maries Pflegeeltern auf ihre ersten Erlebnisse mit Jungen beschreiben. Überlege dir vier Schlagwörter dafür.

- _____
- _____
- _____
- _____

 5. Wie erfüllt Marie sich ihr Bedürfnis nach Liebe? Finde drei Textstellen, die dir das verraten. Schreibe die jeweiligen Sätze in dein Lektüre-Arbeitsheft. Denkst du, Marie tut genau das, was sie wirklich will? Warum?

6. Marie hält sich nicht an die Verbote und Ermahnungen ihres Pflegevaters. Was hättest du an ihrer Stelle getan? Schreibe in dein Lektüre-Arbeitsheft einen Brief an Marie, in dem du ihr einen Rat gibst.

 7. Diskutiert gemeinsam in der Klasse: Wo findet ihr es gut, wenn Erwachsene euch im Umgang mit Jungen oder Mädchen Grenzen setzen und Ratschläge geben? Wann wollt ihr eure Entscheidungen alleine treffen?

TEXTVERSTÄNDNIS T 11  Kapitel 5 – Erste Drogenerfahrungen

Zurück zur Oma

SEITE 54

Meine Oma, die mich als Kleinkind so behütet hatte, war mittlerweile ein anderer Mensch geworden. Der Tod ihrer Tochter hatte ihr Leben zerstört. Darüber kam sie nicht hinweg.

1. Lies die ersten Abschnitte des fünften Kapitels noch einmal durch. Beantworte dann folgende Fragen in deinem Lektüre-Arbeitsheft:
    a. Welche Erkrankungen hat Maries Oma?
    b. Wo wird Maries Oma deshalb behandelt?
    c. Welches Zimmer bekommt Marie, als sie bei ihrer Oma einzieht?
    d. Wie heißen Maries Freundinnen und ihr Freund?

2. Warum ist Maries Oma krank? Was glaubst du? Erkläre deine Vermutung deinem Tischnachbarn.

3. Was sagt oder tut Maries Oma, das dir zeigt, wie krank sie wirklich ist? Finde mindestens vier verschiedene Beispiele, und schreibe sie in dein Lektüre-Arbeitsheft.

4. Versuche, die Namen von den Erkrankungen, die Maries Oma hat, mit eigenen Worten einem Mitschüler zu erklären.

5. Wie geht Marie mit der Erkrankung ihrer Oma um? Schreibe Stichpunkte dazu in dein Lektüre-Arbeitsheft.

6. Welche Nachteile hat Marie von der Krankheit ihrer Oma? Profitiert sie auch davon? Warum? Suche dir einen Partner, und erläutere ihm deine Meinung dazu.

7. Findet gemeinsam heraus, wo in eurer Umgebung die nächste psychiatrische Klinik ist. Hat dieses Krankenhaus eine eigene Internetseite? Schaut euch dort um. Entsprechen das Gebäude, die Stationen und die Behandlungsformen euren Vorstellungen?

TEXTVERSTÄNDNIS T 12 — Kapitel 5 – Erste Drogenerfahrungen

Erste Drogenerfahrungen

1. Marie macht ihre ersten Erfahrungen mit Drogen.
   Kreise die Sätze ein, die Marie sagen könnte und die wahr sind.

   „Ich fühle mich jung und frei."

   „Ich möchte so gerne, dass mich ein Junge liebt."

   „Drogen finde ich wirklich nicht gut."

   „Bei meinem ersten Versuch mit Drogen musste ich weinen."

   „Mein erster Freund war wirklich unreif."

2. Bei den Freunden, mit denen Marie Drogen nimmt,
   lernt sie Justus kennen. Warum findet sie ihn gut?
   Beschreibe es mit deinen eigenen Worten.

3. In der Zeit, als Marie ihre ersten Drogenerfahrungen macht,
   passieren verschiedene Dinge. Suche mindestens drei verschiedene
   Situationen, die Auslöser dafür sind, dass Marie immer wieder
   Drogen nimmt. Schreibe die Textstellen in dein Lektüre-Arbeitsheft.
4. Nicht nur mit Drogen, auch mit Justus hat Marie Probleme.
   Stelle dir vor, Marie schickt einem Freund eine SMS.
   Darin beschreibt sie, wie es ihr mit Justus geht. Schreibe die SMS auf.
   Denke daran, dass du nur 160 Zeichen zur Verfügung hast.

   _____

   _____

5. Stelle dir vor, du liest in Maries Tagebuch. Was könnte in der ersten Zeit ihrer Drogenerfahrungen darin zu lesen sein? Beschreibe drei verschiedene Tage, indem du jeweils ein Erlebnis, Maries Umgang damit und ihre Gefühle beschreibst.

6. Justus sagt Marie einmal, dass er sie nicht liebt. Dann erklärt er ihr wieder, dass er sie schon lieben würde. Wie reagiert Marie darauf? Was würdet ihr tun, wenn jemand mit euch so umgehen würde? Diskutiert darüber in der Klasse.

Kapitel 6 – Absturz

Absturz

Marie hat ihre Kindheit in verschiedenen Familien verbracht. Als sie zehn Jahre alt ist, stirbt ihre Mutter an der Krankheit AIDS. Marie versucht, ihre Trauer zu überwinden.

Doch als sie die falschen Freunde kennenlernt, bekommt sie ein neues Problem: Sie fängt an, **Drogen** zu nehmen.

1. Mittlerweile ist Marie Jugendliche, und du hast schon einen großen Teil ihrer Geschichte gelesen. Kannst du dich noch an den Anfang des Buches erinnern? Teste dein Wissen, und schreibe die Antwort zu folgenden Fragen auf die Zeile daneben.

    a. Wie hieß Maries Mutter? ▸ _____

    b. In welchen drei verschiedenen „Familien" wächst Marie während ihrer Kindheit auf? ▸ _____

    c. Wie viele Geschwister hat Marie? ▸ _____

    d. Wie heißt Maries erster Freund? ▸ _____

    e. Was hat Marie für ein Haustier? ▸ _____

2. Marie erzählt in Kapitel 6, wie sie immer mehr in die Abhängigkeit von Drogen rutscht. Sie fängt an, Heroin zu nehmen. Suche aus dem Text verschiedene Namen und Bezeichnungen für Heroin und Heroin nehmen, und schreibe sie in dein Lektüre-Arbeitsheft.

3. Welche Wirkungen hat die Droge Heroin auf Marie? Suche verschiedene Beispiele im Text dafür, und schreibe sie in dein Lektüre-Arbeitsheft.

4. Suche dir einen Partner. Einer von euch schlüpft in die Rolle von Marie. Dieser versucht, dem anderen zu erklären, was so toll daran ist, Drogen zu nehmen. Der andere argumentiert gegen den Konsum von Drogen. Spielt anschließend euer Gespräch in der Klasse vor.

5. Was, glaubst du, sind die wichtigsten Gründe, die Marie dazu bringen, immer wieder Drogen zu nehmen?

6. Marie ist in dieser Zeit vieles egal, weil sich ihr Leben vor allem um Drogen dreht. Macht die Augen zu, und stellt euch vor, wie Marie gerade aussieht. Was hat sie an? Welche Körperhaltung nimmt sie ein? Wie spricht sie? Tauscht euch dazu aus. Sehen eure „Marie-Bilder" alle gleich aus?

TEXTVERSTÄNDNIS T 14   Kapitel 6 – Absturz

Marie und Justus

1. Lies dir das sechste Kapitel noch einmal in Ruhe durch. Marie leidet immer mehr unter dem Verhalten von Justus. Was macht er genau? Schreibe Stichpunkte dazu in dein Lektüre-Arbeitsheft.

2. Irgendwann hat Marie genug von Justus. Sie macht Schluss. Ist ihr dieser Entschluss leichtgefallen? Suche dir einen Partner, und sprich mit ihm über deine Meinung.

3. An wen erinnert Justus Marie? Kannst du auch eine Ähnlichkeit zwischen diesen beiden Personen feststellen?

4. Die Situation zwischen Marie und Justus spitzt sich immer mehr zu. Beschreibe mit eigenen Worten die Beziehung zwischen den beiden. Findest du gute und schlechte Seiten an der Verbindung?

5. Warum, glaubst du, kommt Marie nicht richtig von Justus los? Was gibt er Marie, was sie braucht?

6. Versuche, dich an alle Personen zu erinnern, zu denen Marie in ihrem bisherigen Leben eine besonders intensive Beziehung hatte. Schreibe auf ein leeres Blatt in die Mitte den Namen „Marie". Ordne nun alle Namen wichtiger Personen in ihrem Leben um sie an. Verbinde „Marie" mit allen Namen, und schreibe auf den Verbindungsstrich einige Stichpunkte oder Zeichen, die die Beziehung zu diesen Personen charakterisieren.

7. Marie gibt keine Beschreibung dafür, wie Justus aussieht. Wie stellt ihr euch den Jungen vor? Erstellt eure eigene Justus-Collage, indem ihr aus Zeitungen und Zeitschriften Bilder ausschneidet und zu eurem eigenen Justus-Bild zusammenklebt. Schreibt um die Collage herum Charaktereigenschaften, die eurer Meinung nach zu Justus passen. Ihr könnt auch Kommentare zu diesen Eigenschaften schreiben oder Fragen festhalten, die ihr Justus gerne stellen würdet.

8. Woran kann man erkennen, dass Menschen ein gutes Verhältnis zueinander haben? Zu wem habt ihr eine gute Beziehung? Diskutiert die Fragen miteinander.

TEXTVERSTÄNDNIS T 15

Kapitel 7 – Die große Freiheit?

Die erste eigene Wohnung

SEITE 75

Stolz erzählte ich Justus und meinen Freunden, dass ich bald eine eigene Wohnung haben würde. Wie erwartet, waren alle ziemlich beeindruckt.
Justus sagte, er freue sich darauf, endlich ungestört mit mir allein sein zu können, und so ging es mir auch.
Meine Freunde aus der Schule vernachlässigte ich immer mehr. Ich war fixiert auf meinen Freund und auf mein neues, „freies" Leben.

1. Marie erzählt in Kapitel 7 viel darüber, wie sie sich fühlt. Markiere im Text alle Begriffe und Aussagen, die dir erzählen, wie es Marie geht.

2. Marie leiht sich ständig Geld von Freunden und Bekannten, weil sie mit Geld nicht umgehen kann. Wie findest du das? Überlege dir einen Rat, den du Marie für einen guten Umgang mit Geld geben könntest.

3. Maries Leben in der eigenen Wohnung hat Sonnen- und Schattenseiten. Lege eine Tabelle mit zwei Spalten an. Schreibe in die linke Spalte alle Dinge, die Marie in ihrem selbstständigen Leben gut gelungen sind. In die rechte Spalte notierst du die Schwierigkeiten, die Marie hat.

4. Obwohl Marie selbstständig lebt, freut sie sich, wenn sie bei ihren Freundinnen und Freunden zum Essen eingeladen wird. Marie nennt das „Familie-Schlauchen". Was meint sie wohl damit?

5. Wie geht Marie mit ihrer neu gewonnenen Freiheit um? Suche dir einen Partner. Versucht gegenseitig, euch einen Tag von Marie wie einen Film vorzustellen. Schreibt ein kurzes Drehbuch zu eurem „Marie-Tag".

6. Was, glaubst du, fehlt Marie am meisten? Was hätte sie gebraucht, um sich wirklich glücklich mit ihrer neuen Freiheit zu fühlen? Notiere deine Gedanken dazu.

7. Marie beschreibt die Einrichtung ihrer ersten eigenen Wohnung als notdürftig, aber gemütlich. Nimm dir ein Blatt Papier, und zeichne einen Plan von deiner Traumwohnung. Wie sollte sie aussehen? Wie würdest du sie einrichten?

8. Das Kapitel trägt den Titel „Die große Freiheit?". Wie stellt ihr euch richtige Freiheit vor? Gestaltet zusammen ein Plakat dazu. Verwendet dafür Texte und Bilder aus Zeitungen, Zeitschriften oder dem Internet.

K.L.A.R. reality Literatur-Kartei: „Abgestürzt"

TEXTVERSTÄNDNIS **T 16** Kapitel 7 – Die große Freiheit?

Schiefgelaufen

1. **Ordne folgende Sätze in der Reihenfolge, wie sie im Text vorkommen. Schreibe dafür die Nummern 1–5 in die Kästchen neben den Sätzen.**

   ☐ a. Die Zigaretten nahm ich mit, die konnte ich gut gebrauchen.

   ☐ b. „Ich scheiß auf euch! Ihr könnt mich alle mal!"

   ☐ c. Gerne möchte ich so vieles gerade rücken.

   ☐ d. Abends ging ich regelmäßig auf den Friedhof, um meine Mutter zu besuchen.

   ☐ e. Jeden Tag dachte ich an Drogen.

2. **Was ist mit „schiefgelaufen" gemeint? Erkläre es mit deinen eigenen Worten deinem Tischnachbarn.**

3. **Marie hat vieles falsch gemacht und möchte einiges gerade rücken. Nimm dir einen Abschnitt aus dem Kapitel 7 vor, und verändere ihn so, dass alles gut läuft. Schreibe den „verwandelten" Text in dein Lektüre-Arbeitsheft.**

4. **„Schiefgelaufen" ist bei Marie in verschiedenen Bereichen einiges. Schreibe hinter die folgenden Bezüge die Dinge, bei denen Marie gescheitert ist:**

   a. Beziehung zu Oma: _____

   b. Beziehung zu Freunden: _____

   c. Schule: _____

   d. Wohnung: _____

5. **Stelle für dich eine Liste zusammen, was in Maries Leben dennoch gut gelaufen ist. Schreibe sie in dein Lektüre-Arbeitsheft.**

6. **Was war deiner Meinung nach das Schlimmste, das Marie in dieser Zeit passiert ist oder das sie selbst getan hat? Schreibe einen Tagebucheintrag, in dem Marie ihr Verhalten reflektiert.**

7. **Überlegt euch, was in eurem Leben bisher gut gelaufen ist oder was schiefgegangen ist. Wenn ihr mögt, könnt ihr in der Klasse darüber sprechen.**

TEXTVERSTÄNDNIS T 17   Kapitel 8 – Chaos

Beziehungen zerbrechen

1. Lies die Seiten 83–90 noch einmal durch, und kreuze dann die richtigen Antworten an.

   a. **Was hat Marie nicht immer bezahlt?**
   - ☐ die Zeitung
   - ☐ die Miete
   - ☐ ihre Kleidung

   b. **Marie und Justus verbindet vor allem**
   - ☐ ihre gemeinsamen Haustiere.
   - ☐ ihre Hobbys.
   - ☐ ihre Drogensucht.

   c. **Marie zieht immer wieder**
   - ☐ in verschiedene Wohnungen und Unterkünfte.
   - ☐ in unterschiedliche Jugendwohnheime.
   - ☐ zu ihrer Oma.

   d. **Marie hat Kontakte**
   - ☐ zu vielen Freunden.
   - ☐ zu ihren Freunden abgebrochen.
   - ☐ zu einer Sozialarbeiterin.

2. Wie heißen die drei Freundinnen, zu denen Maries Kontakt langsam zerbricht?

   _____ _____ _____

3. Warum gehen Beziehungen und Kontakte zu verschiedenen Personen in die Brüche? Suche Gründe dafür im Text, und schreibe sie neben die unten aufgeführten Personen.

   a. Vermieter: _____

   b. Freundinnen: _____

   c. Justus: _____

4. Welche Beziehungsabbrüche findest du am schlimmsten? Welche sind weniger schlimm? Stelle dir vor, du schreibst Marie einen ehrlichen Brief. Begründe darin deine Meinung.

5. Hättest du die Freundschaft zu Marie aufrechterhalten? Was ist an Marie liebenswert? Welches Verhalten von ihr ist für jede Freundschaft eine Zerreißprobe? Diskutiert in der Kleingruppe darüber.

6. Für Jugendliche in Maries Alter gibt es die Möglichkeit, die Maßnahme „Betreutes Wohnen" in Anspruch zu nehmen. Während man zwar alleine lebt, wird man von einem Sozialarbeiter im Alltag unterstützt. Denkst du, das hätte Marie geholfen? Begründe deine Meinung in der Klasse.

7. Mit wem bist du befreundet und warum? Schreibe Eigenschaften in dein Lektüre-Arbeitsheft, die ein echter Freund haben sollte. Sammelt eure Ergebnisse später in der Klasse.

TEXTVERSTÄNDNIS T 18 Kapitel 8 – Chaos

Geld für Drogen

1. **Lies dir Kapitel 8 noch einmal in Ruhe durch. Beantworte folgende Fragen: Marie braucht Geld zum Leben – und vor allem für Drogen. Sie besorgt es sich durch verschiedene Methoden. Bei welchen Personen wendet sie folgende Tricks an, um an Geld zu kommen? Ordne zu:**

   Schulden machen ○   ○ Spielothekbesitzer

   Anbetteln ○   ○ Vermieter

   Glücksspiel ○   ○ Gäste des Imbisses

2. **Als Marie es schafft, vom Heroin loszukommen, nimmt sie andere Rauschmittel. Nenne drei davon, die du im Text findest.**

   _____   _____   _____

3. **Das Kapitel „Chaos" ist in einzelne Abschnitte unterteilt. Finde für jeden Abschnitt eine passende Überschrift.**

4. **Schaue dir alle Überschriften noch einmal an, und lasse sie auf dich wirken. Welche Stimmung kommt dabei bei dir auf? Versuche, sie in zwei bis drei Sätzen aufzuschreiben.**

5. **Schreibe den ersten und letzten Satz des Kapitels in dein Lektüre-Arbeitsheft. Versuche nun, das, was Marie dazwischen erlebt, in zehn Sätzen zu erzählen und aufzuschreiben.**

6. **Der Spielothekbesitzer verführt Marie zu einem Glücksspiel, von dem Marie sich Geld erhofft. Schließlich fordert der Mann von Marie Sex als Gegenleistung. Welcher Begriff für diese Situation passt am ehesten: Prostitution oder Missbrauch? Erkläre, wie du zu deiner Einschätzung kommst.**

7. **Bildet Paare, und sucht euch eine kurze Szene aus dem Kapitel heraus. Stellt den anderen aus eurer Klasse diese Szene ohne Worte vor. Die Zuschauer sollen erraten, was hier gerade als Pantomime dargestellt wird.**

K.L.A.R. reality Literatur-Kartei: „Abgestürzt" | 23

TEXTVERSTÄNDNIS T 19   Kapitel 9 – Auf und ab

Veränderungen

1. In Maries Leben gibt es einige Veränderungen. Doch in manchen Situationen lebt Marie auch in alten Mustern. Ordne folgende Begriffe, und trage sie in die passende Spalte der Tabelle ein.

positive Veränderung	alte Muster

Umzug

Entzug geschafft

wieder Kontakt mit Justus

Abendrealschule

Nebenjob

Kiffen

Herzklopfen beim Gedanken an Justus

2. Mache ein Interview mit deinen Mitschülern in der Klasse. Frage nach, was für sie zu einem selbstständigen und angenehmen Leben gehört. Schreibe die Antworten in Stichpunkten auf.

3. Sicherlich wünscht ihr Marie, dass sie es schafft, ohne Drogen zu leben. Stellt euch vor, ihr schickt ihr eine Postkarte, die ihr dabei helfen soll. Was würdet ihr darauf schreiben?

SEITE 102

> Er ging morgens zum Unterricht und ich zum Abendunterricht. Da ich immer spät ins Bett ging, schlief ich ziemlich lange. Gegen halb zehn morgens klopfte es meist an meine Terrassentür, und Justus stand davor.

4. Schreibe ein Gespräch, wie es bei dem ersten Zusammentreffen nach Maries Umzug zwischen ihr und Justus stattgefunden haben könnte, in dein Lektüre-Arbeitsheft. Verwende dabei die Dialogform:
Justus:
Marie:
usw.

5. Was hat euch an Maries bisherigem Leben am meisten erschreckt? Wo hat sie Fehler gemacht?

Was hat Marie in euren Augen gut gemacht? Sprecht gemeinsam darüber.

TEXTVERSTÄNDNIS T 20

Kapitel 9 – Auf und ab

Marie und Marcel

1. Marie kennt Marcel von früher aus der Schule. Er kommt öfter bei ihr vorbei. Dabei verändert sich nach und nach ihr Kontakt. Im Text findest du verschiedene Bezeichnungen, die Marie für Marcel und den Kontakt zu ihm verwendet. Suche einen passenden Satz im Text, der einen der folgenden Begriffe erwähnt. Schreibe ihn daneben.

    a. guter Freund _____

    b. Gefährte _____

    c. Beziehung _____

2. Wie findest du Marcel? Beschreibe seine Eigenschaften, und erzähle es deinem Tischnachbarn.

3. Warum tut Marcel Marie deiner Meinung nach gut? Welche Situationen findest du im Text, die das aussagen? Schreibe die Textstellen in dein Lektüre-Arbeitsheft.

4. Suche dir einen Partner. Einer von euch schlüpft in die Rolle von Marie. Spielt ein kurzes Telefonat miteinander durch. Dabei erzählt Marie ihrer Freundin oder ihrem Kumpel über Marcel. Der andere fragt während des Telefonats immer wieder nach und sagt seine Meinung dazu.

5. Nicht alles lief gut zwischen Marie und Marcel. Teile ein Blatt Papier in zwei Hälften. Auf die eine Hälfte schreibst du alle Vorteile und positiven Aspekte der Beziehung zwischen Marie und Marcel. Auf die andere Hälfte notierst du alle Schwierigkeiten und Probleme der beiden. Welche Seite überwiegt?

6. Marie möchte sich nicht an Marcel binden. Kannst du dir vorstellen, warum? Versuche, Marie zu verstehen. Suche dir einen Partner. Schlüpfe in die Rolle von Marie, und erkläre deinem Gegenüber, warum du Probleme mit zu viel Nähe zu Marcel hast.

7. Was ist eurer Meinung nach für eine gute Beziehung wichtig? Wie wichtig ist das Aussehen des anderen? Welche besonderen Eigenschaften soll der Partner haben? Diskutiert darüber in der Klasse.

8. Hattet ihr auch schon einmal eine Beziehung? Was war gut daran? Was lief nicht so gut? Wenn ihr wollt, könnt ihr in der Klasse oder einem Partner davon erzählen.

K.L.A.R. reality Literatur-Kartei: „Abgestürzt"

TEXTVERSTÄNDNIS T 21   Kapitel 10 – Neuanfang

Neuanfang

1. Lies dir Kapitel 10 noch einmal in Ruhe durch, und beantworte folgende Fragen in ganzen Sätzen:

   a. Wie alt ist Marie, als sie schwanger wird?

   ▸ _____

   b. Was kommt für Marie nicht in Frage, als sie von ihrer Schwangerschaft erfährt?

   ▸ _____

   c. Wie reagiert Marcel darauf, dass er Vater werden soll?

   ▸ _____

   d. Welchen Namen bekommt Maries Baby?

   ▸ _____

2. Weißt du, was der Begriff „Abtreibung" bedeutet? Versuche, ihn mit eigenen Worten deinem Tischnachbarn zu erklären.

3. Marie fühlt sich glücklich, als Marcel wieder bei ihr einzieht. Trotzdem beschäftigen sie einige Fragen. Lies im Text nach, welche es sind. Kannst du Marie einen Rat geben, wie sie mit ihren Sorgen umgehen könnte? Suche dir einen Partner, und sprich mit ihm darüber.

4. Während der Zeit ihrer Schwangerschaft vermisst Marie ihre Mutter besonders. Kannst du verstehen, warum? Schreibe kurze Stichpunkte auf, wann man auch als junger Erwachsener Rat und Unterstützung von seinen Eltern braucht.

5. Marie will Sozialarbeiterin werden. In diesem Beruf unterstützt und begleitet man Menschen mit verschiedenen Problemen. Denkst du, Marie ist für diesen Beruf geeignet? Begründe, warum, und schreibe deine Argumente in Stichpunkten auf.

6. Verfasst ein eigenes Abschlusskapitel zum Roman. Sammelt dazu an der Tafel Meinungen zu Maries Geschichte. Wie könnte Maries Geschichte weiter verlaufen? Was will Marie euch allen vielleicht noch sagen? Schreibt aus den gesammelten Gedanken ein kurzes abschließendes Kapitel zum Roman „Abgestürzt".

Ein Brief an Marie

Ihr habt Marie nun ein ganzes Stück lang auf ihrem Weg begleitet. Schreibt ihr doch mal einen Brief, und berichtet, wie ihr ihre Lebensgeschichte fandet und ob euch das Buch gefallen hat.

Bitte beachtet dabei, dass sie eure Briefe nicht einzeln beantworten können wird. Aber sie hat sich vorgenommen, auf der Homepage des Verlages *(www.verlagruhr.de/klar)* hin und wieder davon zu erzählen, wie es ihr heute geht. Dort wird Marie vielleicht auch die eine oder andere Frage, die ihr an sie habt, beantworten können.

Sie würde sich sehr über Post von euch freuen!

In eurem Brief könnt ihr beispielsweise …
▷ Marie etwas von euch erzählen – denn sie hat euch ja auch viel von sich erzählt.
▷ Marie sagen, was euch an ihrer Geschichte besonders bewegt hat.
▷ Marie sagen, was ihr aus ihrer Geschichte gelernt habt.
▷ Marie sagen, was ihr euch für sie wünschen würdet.

Fällt euch sonst noch etwas ein?

Schickt euren Brief an die folgende Adresse:

Verlag an der Ruhr
z. Hd. Marie Kaufmann
Postfach 10 22 51
45422 Mülheim an der Ruhr

Hintergrund-informationen

AIDS

AIDS ist die Abkürzung von Acquired Immune Deficiency Syndrome. Übersetzt meint es einen erworbenen Immundefekt. Das bedeutet, dass der erkrankte Körper sich immer schlechter gegen Krankheitserreger wehren kann. Auslöser dieser Krankheit ist das HI-Virus. Menschen, die sich mit diesem Virus infiziert haben, sind „HIV-positiv". Anstecken kann man sich durch den Austausch von Körperflüssigkeiten, wie Blut, Sperma oder Scheidenflüssigkeit.

Nach einer Ansteckung fühlt sich die Krankheit meist wie eine Grippe an. Aber die Krankheit muss nach der Ansteckung nicht sofort ausbrechen. Oft vergehen viele Jahre, bis der Patient erste Anzeichen merkt. Bisher kann man die Krankheit zwar mit Medikamenten lindern, aber heilbar ist AIDS im Moment noch nicht. Viele Menschen, die an AIDS erkrankt sind, sterben schließlich an einer Infektion, gegen die sich ihr Körper nicht mehr wehren kann.

1. Lies dir die Informationen zum Thema in Ruhe durch. Beantworte folgende Fragen:

    a. Was bedeutet die Abkürzung AIDS?

    b. Wann ist ein Mensch HIV-positiv?

    c. Bricht die Krankheit AIDS immer gleich nach der Ansteckung aus?

    d. Ist AIDS heilbar?

2. Schaut im Telefonbuch nach, ob es in eurer Stadt oder in der Nähe eine AIDS-Beratungsstelle gibt. Adressen für die einzelnen Bundesländer findet ihr auch unter *www.aidshilfe.de* Oft arbeiten auch Fachleute beim Gesundheitsamt. Ladet einen Mitarbeiter dieser Stelle in eure Klasse ein. Überlegt euch vorher Fragen, die ihr dem Berater zum Thema AIDS stellen könnt.

3. Macht die anderen Schüler eurer Schule auf die Krankheit AIDS aufmerksam. Weitere Informationen bekommt ihr z.B. unter *www.aidshilfe.de*
Entwerft ein Plakat, das alle wichtigen Informationen zum Thema AIDS beinhaltet. Hängt das Plakat gut sichtbar im Eingangsbereich eurer Schule auf.

AIDS

AIDS ist die Abkürzung von Acquired Immune Deficiency Syndrome. Übersetzt meint es einen erworbenen Immundefekt. Auslöser dieser Krankheit ist das HI-Virus. Menschen, die sich mit diesem Virus infiziert haben, sind „HIV-positiv". Anstecken kann man sich damit durch den Austausch von Körperflüssigkeiten, wie Blut, Sperma oder Scheidenflüssigkeit. Nach einer Ansteckung muss die Krankheit nicht sofort ausbrechen. Das HI-Virus zerstört nach und nach das Immunsystem. Dadurch kann der Körper des Erkrankten nur noch schlecht Infektionen abwehren. So kann es zu lebensbedrohlichen Infektionen und Tumoren im Körper kommen.

Nach der Infektion treten kurze Zeit später Symptome auf, die sich wie eine Grippe anfühlen. Dann tritt eine Phase ein, in der sich die Viren vermehren, der Patient aber wenige Anzeichen der Erkrankung merkt. In dieser so genannten Latenzzeit können HIV-positive Menschen mit Medikamenten behandelt werden. So kann die Lebenserwartung der Infizierten gesteigert werden. Bisher hat man leider noch keine Möglichkeit gefunden, die HI-Viren aus dem Körper zu entfernen. Darum ist eine Heilung der Krankheit derzeit nicht möglich.

1. Lies dir den Text aufmerksam durch. Bearbeite dann folgende Aufgaben in deinem Lektüre-Arbeitsheft:
   a. Was bedeutet AIDS?
   b. Ist HIV und AIDS dasselbe?
   c. Wie verläuft die Krankheit?
   d. Wie wird die Erkrankung behandelt?

2. Bisher ist die Krankheit AIDS nicht heilbar. Eine Krankheitsgeschichte einer AIDS-Betroffenen kennst du bereits aus dem Roman „Abgestürzt". Wie verläuft die Erkrankung bei Maries Mutter? Skizziere kurz den Krankheitsverlauf und die Symptome.

3. Einmal im Jahr gibt es einen so genannten Welt-AIDS-Tag. An diesem Tag wird die Öffentlichkeit an die Krankheit erinnert. Findest du das sinnvoll? Begründe deine Meinung. Auf der Internetseite www.welt-aids-tag.de findest du weitere Informationen dazu.

4. Schaut im Telefonbuch nach, ob es in eurer Stadt oder in der Nähe eine AIDS-Beratungsstelle gibt. Unter www.aidshilfe.de findet ihr auch Adressen für die einzelnen Bundesländer. Oft arbeiten auch Fachleute im Gesundheitsamt. Ladet einen Mitarbeiter dieser Stelle in eure Klasse ein. Überlegt euch vorher Fragen, die ihr dem Berater zum Thema AIDS stellen könnt.

5. Macht die anderen Schüler eurer Schule auf die Krankheit AIDS aufmerksam. Entwerft ein Plakat, das alle wichtigen Informationen zum Thema AIDS beinhaltet. Hängt das Plakat gut sichtbar im Eingangsbereich eurer Schule auf.

AIDS

Kapitel 1 – Erste Erinnerungen

Die Immunschwächekrankheit AIDS (Acquired Immune Deficiency Syndrome) breitet sich seit den 1980er-Jahren weltweit rapide aus. Über 1 % der Weltbevölkerung leben mit dem HI-Virus. Das sind etwa 40 Millionen Menschen. Besonders verbreitet ist die Krankheit in Afrika südlich der Sahara. Dort ist die Ansteckungsgefahr durch schlechte Hygiene und wenige Kenntnisse über die Krankheit sowie die Möglichkeit, sich davor zu schützen, sehr groß. Anstecken kann man sich durch den Austausch von Körperflüssigkeiten, wie Blut, Sperma oder Scheidenflüssigkeit.

Mittlerweile ist AIDS die vierthäufigste Todesursache auf der Welt. 2008 hat das Robert-Koch-Institut herausgefunden, dass in Deutschland ca. 63 500 Menschen HIV-positiv sind. Jedes Jahr infizieren sich ungefähr 3 000 Menschen mit dem HI-Virus neu. Ein Viertel der Betroffenen sind weiblich, der Anteil der Männer, die an AIDS in Deutschland erkrankt sind, liegt bei drei Vierteln. Als besondere Risikogruppen gelten homosexuelle Männer, Drogenabhängige, die Spritzen benutzen, und Prostituierte.

1. Lies dir den Text aufmerksam durch. Bearbeite dann folgende Aufgaben in deinem Lektüre-Arbeitsheft:
   a. Wer ist weltweit am meisten gefährdet, sich mit dem HI-Virus anzustecken?
   b. Welche Gründe nennt der Text dafür?
   c. Wie sieht die Situation in Deutschland aus?

2. Warum gibt es große Unterschiede zwischen den Ländern, aber auch zwischen den Geschlechtern bei der Häufigkeit der Erkrankung? Was vermutest du?

3. Schaut im Telefonbuch nach, ob es in eurer Stadt oder in der Nähe eine AIDS-Beratungsstelle gibt. Unter *www.aidshilfe.de* findet ihr auch Adressen für die einzelnen Bundesländer. Oft arbeiten auch Fachleute beim Gesundheitsamt. Ladet einen Mitarbeiter dieser Stelle in eure Klasse ein. Überlegt euch vorher Fragen, die ihr dem Berater zum Thema AIDS stellen könnt.

4. Bildet eine Kleingruppe mit etwa drei Schülern. Erstellt gemeinsam eine kleine Broschüre, die die Schüler eurer Schule über AIDS informiert. Weiterführende Informationen erhaltet ihr auch unter *www.aidshilfe.de* oder *unter www.aids-stiftung.de*

HINTERGRUNDINFOS H 2 | Kapitel 2 – Die Krankheit und der Tod meiner Mutter

Schutz vor AIDS

Am HI-Virus kann man sich durch den Austausch von Körperflüssigkeiten anstecken. So kann das Virus übertragen werden durch:

▷ gemeinsames Benutzen von Spritzen bei Drogenabhängigen. So hat sich vermutlich Maries Mutter mit dem HI-Virus infiziert.
▷ ungeschützten Geschlechtsverkehr, d.h. gemeinsamen Sex, ohne ein Kondom als Schutz zu benutzen.
▷ eine erkrankte Mutter während der Geburt des Kindes oder beim Stillen.
▷ Blutaustausch in Ländern mit schlechter medizinischer Versorgung, in denen die Blutkonserven nicht genau kontrolliert werden.

Beim alltäglichen Kontakt zu anderen Menschen kann man sich aber NICHT anstecken. Deshalb ist das gemeinsame Benutzen von Trinkgläsern oder Besteck, Händeschütteln oder Küssen nicht gefährlich. Auch im Schwimmbad oder durch Insekten besteht keine Ansteckungsgefahr.

1. Wo besteht eine sehr große Gefahr, sich anzustecken? Wo gibt es kein Risiko? Beurteile folgende Situationen, und kreuze an:

	Ansteckungsrisiko	
	groß	kein
a. beim Küssen		
b. beim ungeschützten Sex		
c. beim Trinken aus einem Glas		
d. beim Benutzen derselben Spritze bei Drogenabhängigen		
e. beim Händeschütteln		
f. im Schwimmbad		
g. durch Insektenstiche		

2. Suche dir einen Partner. Erkläre ihm mit deinen eigenen Worten, wie er sich vor AIDS schützen kann.

3. Im Fernsehen und auf Plakaten wird immer wieder erklärt, wie man sich vor AIDS schützen kann. Trefft euch in einer Kleingruppe von drei bis vier Personen. Entwerft ein eigenes Plakat, auf dem ihr z.B. Situationen aufzeichnet, in denen man sich mit AIDS anstecken kann. Oder ihr macht Werbung dafür, wie man sich vor AIDS schützen kann (z.B. mit einem Comic oder einer gezeichneten Szene).

4. Kennst du den Werbeslogan: „Kondome schützen. Gib AIDS keine Chance"? Was ist damit gemeint? Versuche, es deinem Tischnachbarn zu erklären.

Kapitel 2 – Die Krankheit und der Tod meiner Mutter

Schutz vor AIDS

Gegen AIDS gibt es derzeit weder ein Heilmittel noch eine Impfung als Schutz vor der Krankheit. Anstecken kann man sich dadurch, dass das HI-Virus durch Blut, Samen- oder Scheidenflüssigkeit in das Blutsystem gelangt. Das kann bei Blutaustausch, bei gemeinsam verwendeten Spritzen von Drogenabhängigen oder bei ungeschütztem Sex passieren. Dabei muss eine große Menge an HI-Viren in den Körper des anderen gelangen. Hat eine schwangere Frau das HI-Virus, kann sie ihr Kind im Mutterleib oder bei der Geburt anstecken. Später ist eine Ansteckung auch durch das Stillen möglich.

In Deutschland ist die Gefahr, sich bei einem Blutaustausch beim Arzt oder im Krankenhaus anzustecken, sehr gering. Die Blutkonserven werden streng kontrolliert, um Erreger im Blut auszuschließen. Bei Reisen in andere Länder, in denen die medizinische Versorgung noch nicht so gut ist, besteht ein höheres Ansteckungsrisiko.

1. Lies dir den Text aufmerksam durch, und erkläre deinem Tischnachbarn mit eigenen Worten, wie man sich mit der Krankheit AIDS anstecken kann.

2. Im Fernsehen und auf Plakaten wird immer wieder erklärt, wie man sich vor AIDS schützen kann. Trefft euch in einer Kleingruppe von drei bis vier Personen. Entwerft ein eigenes Plakat, auf dem ihr z.B. Situationen aufzeichnet, in denen man sich mit AIDS anstecken kann. Oder ihr macht Werbung dafür, wie man sich vor AIDS schützen kann (z.B. mit einem Comic oder einer gezeichneten Szene).

3. Kennst du den Werbeslogan: „Kondome schützen. Gib AIDS keine Chance"? Was ist damit gemeint? Versuche, es deinem Tischnachbarn zu erklären.

4. Unter *www.gib-aids-keine-chance.de* findest du mehr über die Kampagne. Gestaltet eine eigene Internetseite, auf der ihr das Thema „Schutz vor AIDS" aufgreift. Was müsste darauf alles zu sehen und anzuklicken sein? Was würde euch ansprechen? Sendet euren Vorschlag an die Bundeszentrale für gesundheitliche Aufklärung (*poststelle@bzga.de*). So könnt ihr eure Anregungen an die richtige Stelle weitergeben.

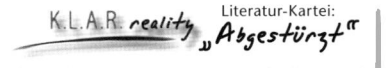

HINTERGRUNDINFOS H 2

Kapitel 2 – Die Krankheit und der Tod meiner Mutter

Schutz vor AIDS

Am ersten Dezember jeden Jahres findet der so genannte „Welt-AIDS-Tag" statt. An diesem Tag wird an die Gefahren der Krankheit erinnert und Aufklärungsaktionen gestartet. Das Motto dieses Tages lautet „Gemeinsam gegen AIDS".

Der Fußballspieler Philipp Lahm ist seit 2007 Botschafter des „Welt-AIDS-Tages". Er hat gesagt:

„Der Kampf gegen Aids muss weltweit mit aller Kraft geführt werden. Jugendliche sollten die Gefahr einer HIV-Infektion kennen und Kondome benutzen."

Auch Olympiasiegerin Anni Friesinger ist Botschafterin des „Welt-AIDS-Tages". Sie meint:

„Ich bin mit der Diskussion über Aids aufgewachsen. Das war mir immer wichtig. Um so erschreckender ist für mich, dass heute so wenig darüber gesprochen wird, dass ein so ernstes Thema in den Hintergrund gerückt ist. Ich versuche, die Leute aufzuwecken. Vor allem Mädchen und Frauen. Die müssen beim Sex leider oft alleine die Verantwortung übernehmen."

Weitere Botschafter und Informationen findest du unter *www.welt-aids-tag.de*

1. HIV, das ist das Virus, das die Krankheit AIDS auslöst, wird durch Blut, Samen- und Scheidenflüssigkeit übertragen. Suche Risikosituationen, in denen eine Ansteckung mit dem HI-Virus möglich ist. Du kannst dazu auch im Internet, z.B. unter *www.aidshilfe.de* nachsehen. Schreibe die Ergebnisse in dein Lektüre-Arbeitsheft.

2. Wie du oben lesen kannst, setzten sich berühmte Persönlichkeiten dafür ein, dass Menschen sich besser gegen AIDS schützen. Besonders raten sie Jugendlichen, Kondome zu verwenden. Stellt eurer Klasse die Aktion vor. Du findest sie unter *www.welt-aids-tag.de*

3. Findest du es gut, dass sich Berühmtheiten für Aufklärung und Schutz gegen AIDS einsetzen? Erläutere deine Meinung vor der Klasse.

4. Unter *www.machsmit.de* findest du die Webseite einer Kampagne der Bundeszentrale für gesundheitliche Aufklärung. Hier wird Werbung für „Safer Sex", also den Gebrauch von Kondomen gemacht. Gestalte ein eigenes Plakat, das für den Gebrauch von Kondomen wirbt. Du kannst dich dabei an den Plakaten der Kampagne orientieren. Später könnt ihr alle Plakate in der Schule aufhängen und so für „Safer Sex" werben.

5. Werde selbst Botschafter für den „Welt-AIDS-Tag". Unter *www.welt-aids-tag.de/botschafter/werden/index.php* kannst du dich anmelden. Überlege dir deine Botschaft an andere Jugendliche zum Thema AIDS, und stelle sie ins Netz.

HINTERGRUNDINFOS H 3

Kapitel 3 – Wie alles auseinanderbrach

Tod der Eltern

Wenn Kinder ihre Eltern verlieren, bricht eine Welt für sie zusammen. Auch Marie weiß nicht, wie ihr Leben nun weitergehen soll. Sie trauert um ihre Mutter. Trauer ist eine Mischung aus verschiedenen Gefühlen. Man ist sehr traurig, niedergeschlagen, kann sich über nichts freuen, möchte niemanden sehen oder sprechen, hat Angst. Wenn man einen geliebten Menschen, Eltern, Großeltern oder einen Freund verliert, trauert man. Trauer ist aber auch da, wenn sich Eltern trennen oder wenn ein geliebtes Tier stirbt.

Nach dem ersten Schock wollen Trauernde meist nicht wahrhaben, dass der geliebte Mensch wirklich nicht wiederkommt. Es dauert lange, bis Trauernde es schaffen, sich von dem geliebten Menschen zu verabschieden.
Meistens verstehen die trauernden Menschen erst sehr langsam, was passiert ist. Aber das ist bei jedem Menschen unterschiedlich. Es gibt keine „richtigen" oder „falschen" Gefühle beim Trauern.

1. Lies dir folgende Gefühle durch. Welche verbindest du mit dem Wort „Trauer"? Kreise sie ein.

dunkel

fassungslos

lustig

bunt

verzweifelt

schmerzend

wütend

freudig

sehnsüchtig

hell

zornig

allein

schwer

2. Hast du schon einmal getrauert? Versuche, dich in so eine Situation hineinzudenken. Was hilft dir, wenn du ganz schrecklich traurig bist? Suche dir einen Partner. Schreibt eure Gedanken auf ein Blatt Papier. Heftet dieses „Notfall-Plakat" an eine Wand eures Klassenzimmers.

3. Überlege dir drei Sätze, die du zu jemandem sagen könntest, der gerade trauert. Was zeigt ihm, dass du für ihn da bist? Oder dass du an ihn denkst? Schreibe diese Trostsätze in dein Lektüre-Arbeitsheft.

HINTERGRUNDINFOS H 3

Kapitel 3 – Wie alles auseinanderbrach

Tod der Eltern

Ist jemand gestorben, den man geliebt hat, dann trauert man. Trauer ist eine Mischung aus verschiedenen Gefühlen. Man ist sehr traurig, niedergeschlagen, kann sich über nichts freuen, möchte niemanden sehen oder sprechen, hat Angst.

Die Trauer läuft meist in verschiedenen Phasen ab. Am Anfang steht man unter Schock. Man kann nicht begreifen, was passiert ist. Es fühlt sich unwirklich an. Einige Tage, Wochen oder Monate lang will man einfach nicht wahrhaben, dass der geliebte Mensch wirklich gestorben ist.

Versteht der trauernde Mensch langsam, was passiert ist, durchlebt er viele verschiedene Gefühle. Dabei kommen vor allem belastende, vielleicht aber auch manchmal positive Gefühle auf. Es gibt keine „richtigen" oder „falschen" Gefühle beim Trauern. Während der Zeit der Trauer ist es meistens gut, wenn man jemanden hat, mit dem man über seine Gefühle sprechen kann. Schließlich ist es eine schwere Aufgabe, sich von einem geliebten Menschen zu verabschieden und ihn gut in Erinnerung zu behalten.

1. Lies dir folgende Gefühle durch. Welche verbindest du mit dem Wort „Trauer"? Kreise sie ein.

dunkel
fassungslos
lustig
bunt
verzweifelt
schmerzend
wütend
freudig
sehnsüchtig
hell
zornig
allein
schwer

2. Was könnte einem Menschen guttun, der gerade trauert? Überlege dir Sätze, Worte oder Gesten, die Trauernde trösten.

3. Wohin kann sich ein Trauernder wenden? Fallen dir Personen, Ratgeber oder Anlaufstellen dazu ein? Tausche dich dazu mit einem Partner aus. Schreibt eure Gedanken auf ein Blatt Papier. Hängt es als „Notfall-Plakat" im Klassenzimmer auf.

Kapitel 3 – Wie alles auseinanderbrach

Tod der Eltern

Schlussstück

Der Tod ist groß.
Wir sind die Seinen
lachenden Munds.
Wenn wir uns mitten im Leben meinen,
wagt er zu weinen
mitten in uns.

Dieses Gedicht von Rainer Maria Rilke drückt aus, dass der Tod eines geliebten Menschen oft unerwartet kommt und uns aus unserem alltäglichen Leben reißt.
Ist jemand gestorben, den man geliebt hat, dann trauert man. Trauer ist eine Mischung aus verschiedenen Gefühlen. Man ist sehr traurig, niedergeschlagen, kann sich über nichts freuen, möchte niemanden sehen oder sprechen, hat Angst.
Die Trauer läuft meist in verschiedenen Phasen ab. Am Anfang steht man unter Schock. Man kann nicht begreifen, was passiert ist. Versteht der trauernde Mensch langsam, was passiert ist, durchlebt er viele verschiedene Gefühle. Dabei kommen vor allem belastende, vielleicht aber auch manchmal positive Gefühle auf. Es gibt keine „richtigen" oder „falschen" Gefühle beim Trauern. Während der Zeit der Trauer ist es meistens gut, wenn man jemanden hat, mit dem man über seine Gefühle sprechen kann. Schließlich ist es eine schwere Aufgabe, sich von einem geliebten Menschen zu verabschieden und ihn gut in Erinnerung zu behalten.

1. Trauernde reagieren verschieden auf den Tod eines Menschen. Überlege dir zu den folgenden Gefühlen eine Aussage oder eine Reaktion eines Trauernden, die das ausdrückt.

   Wut _____

   Verleugnung _____

   Schmerz _____

   Entsetzen _____

2. Was könnte einem Menschen guttun, der gerade trauert? Suche dir einen Partner. Überlegt euch zu zweit eine Szene, die ihr dazu spielen könnt. Einer von euch beiden spielt den Trauernden. Der andere versucht, mit ihm einfühlsam zu sprechen und ihm zu helfen. Findet ein ermutigendes Ende eures Rollenspiels. Spielt es den anderen eurer Klasse vor.

3. Wie sollte man deiner Meinung nach mit Trauernden umgehen? Was braucht ein Trauernder von den Menschen seiner Umgebung? Versuche, dich in einen Menschen hineinzuversetzen, der um einen anderen Menschen trauert. Triff dich mit einem Partner, und nimm ein Blatt Papier. Schreibt gemeinsam „Regeln" auf, wie man achtsam mit trauernden Menschen umgehen kann. Hängt die Regelsammlung im Klassenzimmer auf.

HINTERGRUNDINFOS H 4 — Kapitel 3 – Wie alles auseinanderbrach

Sexuelle Gewalt

Sexuelle Gewalt ist ein anderer Ausdruck für sexuellen Missbrauch. Jede sexuelle Handlung eines Erwachsenen oder eines Jugendlichen, die an oder vor einem Kind passiert, ist so eine sexuelle Gewalt. Solche Handlungen passieren gegen den Willen des Kindes. Der Täter ist älter und stärker als das Kind.
Ein Kind weiß nicht genau, was der Täter vorhat. Meistens kennt es den Täter. Es hat Vertrauen zu ihm. Das nutzt der Täter aus.
Er befriedigt auf Kosten des Kindes seine Bedürfnisse.

Jedes Kind hat das Recht, selbst zu bestimmen, wer es anfasst und welche Berührungen es mag und welche nicht. Der Täter weiß genau, dass er das Kind sexuell missbraucht. Auch wenn er scheinbar so tut, als sei das alles ganz normal.
Oft versucht der Täter, sein Opfer zum Schweigen zu verpflichten. Wichtig ist aber, dass das Kind über den Vorfall spricht. Egal ob Eltern, Freunde oder Lehrer – das Kind sollte einer Vertrauensperson erzählen, was geschehen ist. Nur so kann es Hilfe bekommen.

Informationen nach www.wildwasser.de

1. Wer darf dich anfassen? Wer soll seine Hände von dir lassen? Wo darf man dich anfassen? Wo nicht? Erstelle deine ganz persönliche Liste.

2. Es ist wichtig, darüber zu sprechen, wenn man sexuelle Gewalt erlebt hat. Suche dir einen Partner. Sammelt Personen und Anlaufstellen, an die man sich als Opfer wenden kann. Schreibt eure Gedanken auf, und hängt eure Liste im Klassenzimmer aus.

3. Der Verein „Gegen Missbrauch e.V." *(www.gegen-missbrauch.de)* hat für die Kinowerbung einen kurzen Film gemacht. Darin soll Erwachsenen gezeigt werden, wie sie ihre Kinder durch Zuhören vor sexuellem Missbrauch schützen können. Du kannst dir den Film unter *www.youtube.com/watch?v=UWz6t3gf8TU* ansehen. Bildet Kleingruppen von drei bis vier Schülern. Versucht, selbst eine Szene zur Vorbeugung vor sexueller Gewalt zu entwerfen. Nehmt euren Film mit einer Digitalkamera auf, und spielt ihn der Klasse vor.

HINTERGRUNDINFOS **H 4**

Kapitel 3 – Wie alles auseinanderbrach

Sexuelle Gewalt

Sexuelle Gewalt oder sexueller Missbrauch an Kindern ist jede sexuelle Handlung eines Erwachsenen oder eines Jugendlichen, die an oder vor einem Kind passiert. Solche Handlungen passieren gegen den Willen des Kindes und auf Grund körperlicher, psychischer oder sprachlicher Unterlegenheit. Ein Kind kann nicht abschätzen, was der Erwachsene vorhat und die Handlung deshalb nicht ablehnen. Normalerweise ist dem Kind der Erwachsene gut bekannt. Es vertraut der Person und denkt, dass derjenige nichts Böses von ihm will. Der Täter hat dadurch, dass er der Stärkere der beiden ist und ihm das Kind vertraut, Macht über das Kind. Er befriedigt auf Kosten des Kindes seine Bedürfnisse. Jedes Kind hat das Recht, selbst zu bestimmen, wer es anfasst und welche Berührungen es mag und welche nicht. Der Täter weiß genau, dass er das Kind sexuell missbraucht. Auch wenn er scheinbar so tut, als sei das alles ganz normal.

Oft versucht der Täter, sein Opfer zum Schweigen zu verpflichten. Wichtig ist aber, dass das Kind über den Vorfall spricht. Egal ob Eltern, Freunde oder Lehrer – das Kind sollte einer Vertrauensperson erzählen, was geschehen ist. Nur so kann es Hilfe bekommen.

Informationen nach www.wildwasser.de

1. Um sich vor Übergriffen schützen zu können, ist es wichtig, selbst zu wissen, was man möchte und was nicht. Lege für dich selbst eine Liste an. Teile das Blatt in zwei Spalten. Schreibe über die linke Spalte ein großes „Ja" und über die rechte Spalte ein großes „Nein". Trage nun alle Sachen, die du gerne magst, z.B. mit Freunden herumalbern, mit einer Freundin Hand in Hand gehen, in die linke Spalte ein. In die rechte Spalte kommen alle Dinge, die du auf keinen Fall magst.

2. Es ist wichtig, darüber zu sprechen, wenn man sexuelle Gewalt erlebt hat. Suche dir einen Partner. Findet gemeinsam im Internet Beratungsstellen oder Anlaufstellen in eurer Umgebung, die sich um Opfer sexueller Gewalt kümmern. Schreibt eure Ergebnisse auf. Notiert die Adressen und Telefonnummern zu den jeweiligen Stellen, und hängt die Liste im Klassenzimmer aus.

3. Der Verein „Gegen Missbrauch e.V." *(www.gegen-missbrauch.de)* hat für die Kinowerbung einen kurzen Film gemacht. Darin soll Erwachsenen gezeigt werden, wie sie ihre Kinder durch Zuhören vor sexuellem Missbrauch schützen können. Du kannst dir den Film unter *www.youtube.com/watch?v=UWz6t3gf8TU* ansehen. Bildet Kleingruppen von drei bis vier Schülern. Versucht, selbst eine Szene zur Vorbeugung vor sexueller Gewalt zu entwerfen. Nehmt euren Film mit einer Digitalkamera auf, und spielt ihn der Klasse vor.

HINTERGRUNDINFOS H 4

Kapitel 3 – Wie alles auseinanderbrach

Sexuelle Gewalt

Sexuelle Gewalt oder sexueller Missbrauch an Kindern ist jede sexuelle Handlung eines Erwachsenen oder eines Jugendlichen, die an oder vor einem Kind passiert. Solche Handlungen passieren gegen den Willen des Kindes und auf Grund körperlicher, psychischer oder sprachlicher Unterlegenheit. Ein Kind kann nicht abschätzen, was der Erwachsene vorhat und die Handlung deshalb nicht ablehnen. Normalerweise ist dem Kind der Erwachsene gut bekannt. Es vertraut der Person und denkt, dass derjenige nichts Böses von ihm will. Der Täter hat dadurch, dass er der Stärkere der beiden ist und ihm das Kind vertraut, Macht über das Kind. Er befriedigt auf Kosten des Kindes seine Bedürfnisse.

Jedes Kind hat das Recht, selbst zu bestimmen, wer es anfasst und welche Berührungen es mag und welche nicht. Der Täter weiß genau, dass er das Kind sexuell missbraucht. Auch wenn er scheinbar so tut, als sei das alles ganz normal.

Oft versucht der Täter, sein Opfer zum Schweigen zu verpflichten. Wichtig ist aber, dass das Kind über den Vorfall spricht. Egal ob Eltern, Freunde oder Lehrer – es sollte einer Vertrauensperson erzählen, was geschehen ist. Nur so kann es Hilfe bekommen.

Informationen nach www.wildwasser.de

Sexuelle Gewalt ist strafbar. Im Strafgesetzbuch (StGB) regeln die Paragrafen (§) 174 bis 184 StGB, dass jeder Mensch ein Recht auf sexuelle Selbstbestimmung hat. D.h. derjenige, der andere zu einer sexuellen Handlung zwingt, kann zu einer Strafe verurteilt werden.

Informationen nach www.bundesrecht.juris.de

1. Wie kann sich ein Kind oder Jugendlicher deiner Meinung nach vor sexueller Gewalt schützen? Sammle eigene Ideen. Du kannst auch im Internet nachforschen, (z.B. unter *www.wildwasser.de*, *www.zartbitter.de* oder *www.gegen-missbrauch.de*). Schreibe deine Ergebnisse auf ein Blatt Papier, und finde einen Platz für deine „Präventionsliste" im Klassenzimmer.

2. In Kapitel 8 erlebt Marie ein weiteres Mal eine Form von sexueller Gewalt. Was war an dem Vorfall in Maries Jugend anders? Welche Parallelen findest du zwischen den beiden Missbrauchsfällen? Hat sich der Spielothekbesitzer strafbar gemacht?

3. Der Verein „Gegen Missbrauch e.V." hat einen kurzen Film gemacht. Darin soll Erwachsenen gezeigt werden, wie sie ihre Kinder durch Zuhören vor sexuellem Missbrauch schützen können. Du kannst dir den Film unter *www.youtube.com/watch?v= UWz6t3gf8TU* ansehen. Bildet Kleingruppen, und versucht, selbst eine Szene zur Vorbeugung vor sexueller Gewalt zu entwerfen. Nehmt euren Film auf, und spielt ihn der Klasse vor.

Kapitel 4 – Die Fischers

Leben in der Pflegefamilie

Pflegefamilien sind Familien, die ein fremdes Kind bei sich aufnehmen, betreuen und erziehen. Dabei gibt es verschiedene Gründe, warum das Kind nicht mehr von seinen Eltern selbst erzogen werden kann.
Nicht nur die Pflegeeltern haben die Verantwortung für das Pflegekind. Das zuständige Jugendamt wählt eine geeignete Pflegefamilie für das Kind aus. Es unterstützt die Pflegefamilie in Fragen der Erziehung und Entwicklung des Kindes. Dadurch hat auch das Jugendamt Verantwortung für das Pflegekind. Alltägliche Entscheidungen treffen aber die Pflegeeltern. Sie sind dabei verpflichtet, darauf zu achten, dass die Entscheidungen, die sie treffen, zum Wohle des Kindes sind.
Es gibt für die so genannte „Vollzeitpflege" ein eigenes Gesetz. Darin steht, dass die Pflegefamilie dem Kind guttun soll. Das Kind soll entweder so lange bei den Pflegeeltern leben, bis es wieder in seine eigene zurück kann. Oder die Pflegefamilie soll auf Dauer für das Kind eine neue Familie sein.

Informationen nach www.bundesrecht.juris.de

1. **Lies dir den Informationstext oben in Ruhe durch. Bearbeite dann die folgenden Aufgaben:**
   a. Was ist eine Pflegefamilie?
   b. Wer hat die Verantwortung für ein Kind, das in einer Pflegefamilie lebt?
   c. Wie lange lebt ein Kind normalerweise in einer Pflegefamilie?

2. **Im Text findest du den Begriff „zum Wohle des Kindes". Was bedeutet das? Sprich über deine Vermutung mit deinem Tischnachbarn.**

3. **Man kann sich seine Familie nicht aussuchen. Jetzt darfst du aber deine Traumfamilie selbst erfinden. Nimm dir ein Blatt Papier, und zeichne in die Mitte alle Familienmitglieder, die deine „Traumfamilie" haben soll. Schreibe rund um diese Familie alle Dinge, die du dir von einer Familie wünschen würdest. Beantworte dabei auch folgende Fragen:**
   a. Was tut einem Kind gut?
   b. Was braucht ein Kind, damit es sich wohl fühlt?

HINTERGRUNDINFOS **H 5** Kapitel 4 – Die Fischers

Leben in der Pflegefamilie

Pflegefamilien sind Familien, die ein fremdes Kind bei sich aufnehmen, betreuen und erziehen. Dabei gibt es verschiedene Gründe, warum das Kind nicht mehr von seinen Eltern selbst erzogen werden kann.
Nicht nur die Pflegeeltern haben die Verantwortung für das Pflegekind. Das zuständige Jugendamt wählt eine geeignete Pflegefamilie für das Kind aus. Es unterstützt sie in Fragen der Erziehung und Entwicklung des Kindes. Dadurch hat auch das Jugendamt Verantwortung für das Pflegekind. Alltägliche Entscheidungen treffen aber die Pflegeeltern. Sie sind dabei verpflichtet, darauf zu achten, dass die Entscheidungen zum Wohle des Kindes sind.

Im achten Buch des Sozialgesetzbuches (SGB VIII) heißt es dazu in § 33:
Eine Vollzeitpflegefamilie soll:
▷ auf das Alter und den Entwicklungsstand des Kindes oder des Jugendlichen Rücksicht nehmen
▷ persönliche Bindungen, z.B. ein gutes Verhältnis zu den Pflegeeltern, aber auch zu leiblichen Eltern, Großeltern und Freunden fördern
▷ entweder so lange für das Kind da sein, bis es wieder in die Herkunftsfamilie kann oder
▷ auf Dauer für das Kind eine neue Familie bieten.

Informationen nach www.bundesrecht.juris.de

1. Lies dir den Text genau durch, und bearbeite folgende Aufgaben:
   Welche Gründe fallen dir ein, warum ein Kind nicht mehr bei seinen Eltern leben kann? Notiere sie in dein Lektüre-Arbeitsheft, und tausche dich mit einem Partner dazu aus.

2. Pflegefamilien sind für das Pflegekind verantwortlich und sollen Entscheidungen treffen, die gut für das Kind sind.
   a. Welchen Entscheidungen müssen Eltern für ihr Kind im Alltag treffen? Notiere deine Gedanken in dein Lektüre-Arbeitsheft.
   b. Diese Entscheidungen sollen zum „Wohle des Kindes" getroffen werden. Was braucht ein Kind, damit es sich wohl fühlt? Tausche dich dazu mit einem Partner aus.

3. Wann kann ein Kind deiner Meinung nach wieder in seine Herkunftsfamilie zurückgehen? Wann ist das Leben in einer Pflegefamilie dauerhaft sinnvoll? Diskutiere mit den anderen in deiner Klasse darüber.

4. Man kann sich seine Familie nicht aussuchen. Jetzt darfst du aber deine Traumfamilie selbst erfinden. Nimm dir ein Blatt Papier, und zeichne in die Mitte alle Familienmitglieder, die deine „Traumfamilie" haben soll. Schreibe rund um diese Familie alle Dinge, die du dir von einer Familie wünschen würdest. Beantworte dabei auch folgende Fragen:
   a. Was tut einem Kind gut?
   b. Was braucht ein Kind, damit es sich wohl fühlt?

HINTERGRUNDINFOS **H 5**   Kapitel 4 – Die Fischers

Leben in der Pflegefamilie

Pflegefamilien sind Familien, die ein fremdes Kind bei sich aufnehmen, betreuen und erziehen. Dabei gibt es verschiedene Gründe, warum das Kind nicht mehr von seinen Eltern selbst erzogen werden kann.

Nicht nur die Pflegeeltern haben die Verantwortung für das Pflegekind. Das zuständige Jugendamt wählt eine geeignete Pflegefamilie für das Kind aus. Es unterstützt die Pflegefamilie in Fragen der Erziehung und Entwicklung des Kindes. Dadurch hat auch das Jugendamt Verantwortung für das Pflegekind. Alltägliche Entscheidungen treffen aber die Pflegeeltern. Sie sind dabei verpflichtet, darauf zu achten, dass die Entscheidungen zum Wohle des Kindes sind.

Im achten Buch des Sozialgesetzbuches (SGB VIII) heißt es dazu in § 33:
„Hilfe zur Erziehung in Vollzeitpflege soll entsprechend dem Alter und Entwicklungsstand des Kindes oder des Jugendlichen und seinen persönlichen Bindungen sowie den Möglichkeiten der Verbesserung der Erziehungsbedingungen in der Herkunftsfamilie Kindern und Jugendlichen in einer anderen Familie eine zeitlich befristete Erziehungshilfe oder eine auf Dauer angelegte Lebensform bieten. Für besonders entwicklungsbeeinträchtigte Kinder und Jugendliche sind geeignete Formen der Familienpflege zu schaffen und auszubauen".

Informationen nach www.bundesrecht.juris.de

1. Lies dir den Text genau durch, und bearbeite folgende Aufgaben: Versuche, die wichtigsten Inhalte des § 33 aus dem Sozialgesetzbuch zusammenzufassen. Erkläre den komplizierten Gesetzestext in deinen eigenen Worten deinem Tischnachbarn.

2. Pflegefamilien sind für das Pflegekind verantwortlich und sollen Entscheidungen treffen, die gut für das Kind sind.
   a. Welchen Entscheidungen müssen Eltern für ihr Kind im Alltag treffen? Notiere deine Gedanken in dein Lektüre-Arbeitsheft.
   b. Diese Entscheidungen sollen zum „Wohle des Kindes" getroffen werden. Was braucht ein Kind, damit es sich wohl fühlt? Tausche dich dazu mit einem Partner aus.

3. Wann kann ein Kind deiner Meinung nach wieder in seine Herkunftsfamilie zurückgehen? Wann ist das Leben in einer Pflegefamilie dauerhaft sinnvoll? Diskutiere mit den anderen in deiner Klasse darüber.

4. Man kann sich seine Familie nicht aussuchen. Jetzt darfst du aber deine Traumfamilie selbst erfinden. Nimm dir ein Blatt Papier, und zeichne in die Mitte alle Familienmitglieder, die deine „Traumfamilie" haben soll. Schreibe rund um diese Familie alle Dinge, die du dir von einer Familie wünschen würdest.

Verschiedene Rauschmittel

„Rauschmittel" ist ein anderer Ausdruck für Drogen. Darunter versteht man alle Stoffe, die Menschen zu sich nehmen, um sich in einen Rausch zu versetzen. Dabei verändert sich meist die Wahrnehmung der Person, die die Rauschmittel nimmt. Das kann eine gewollte Wirkung oder eine unerwünschte Nebenwirkung sein. Drogen werden eingeteilt unter so genannte „legale Drogen", z.B. Alkohol und Nikotin. Die kann man kaufen, ohne sich strafbar zu machen. „Illegale Drogen" sind unerlaubte Rauschmittel. Einige davon sind z.B.:
▷ Cannabis, Haschisch und Marihuana
▷ Ecstasy
▷ Heroin
▷ Kokain
▷ LSD

Informationen nach www.suchtmittel.de

1. Triff dich mit einer Kleingruppe von drei bis vier Schülern. Entwerft gemeinsam eine Umfrage zum Thema Drogen. Schreibt dazu folgende drei Fragen auf ein Blatt Papier, und kopiert es für jeden in der Klasse:
   ▷ Hast du schon einmal Drogen gesehen?
   ▷ Warst du schon einmal dabei, wenn andere Drogen genommen haben?
   ▷ Hast du selbst schon einmal Drogen probiert?

2. Findest du es wichtig, dass sich Jugendliche mit Drogen, deren Namen, Aussehen und Gebrauch auskennen? Warum? Suche dir einen Partner, und sprich mit ihm darüber.

3. Suche dir einen Partner. Erstellt zusammen ein Infoplakat. Dazu sucht ihr euch eines der oben genannten Rauschmittel aus. Sucht nach Bildern von dieser Droge im Internet (z.B. unter *www.drugcom.de*). Schreibt alle Informationen, die ihr über diese Droge finden könnt, mit auf das Plakat.

4. In verschiedenen Städten gibt es Drogenhilfevereine. Dort können sich ehemalige Drogenabhängige treffen. Oft gehen so genannte „Ex-User" auch in Schulen, um von ihrem Leben und ihrem Weg aus der Drogenabhängigkeit zu erzählen. Suche im Internet nach einem solchen Verein in deiner Nähe (z.B. *www.drugstop.org*). Ladet als Klasse einen ehemaligen Abhängigen ein, und lasst euch von ihm über Drogen berichten.

HINTERGRUNDINFOS **H 6** Kapitel 5 – Erste Drogenerfahrungen

Verschiedene Rauschmittel

„Rauschmittel" ist ein anderer Ausdruck für Drogen. Darunter versteht man alle Stoffe, die Menschen zu sich nehmen, um sich in einen Rausch zu versetzen. Dabei verändert sich meist die Wahrnehmung der Person, die die Rauschmittel nimmt. Das kann eine gewollte Wirkung oder eine unerwünschte Nebenwirkung sein. Drogen werden eingeteilt unter so genannte „legale Drogen", z.B. Alkohol und Nikotin. Die kann man kaufen, ohne sich strafbar zu machen. „Illegale Drogen" sind unerlaubte Rauschmittel. Einige davon sind z.B.:

▷ Cannabis, Haschisch und Marihuana
▷ Ecstasy
▷ Heroin
▷ Kokain
▷ LSD

Informationen nach www.suchtmittel.de

1. Neben den oben aufgezählten Drogen gibt es noch viele andere Stoffe, die abhängig machen. Suche dir ein Rauschmittel aus. Finde so viele Informationen wie möglich darüber, (z.B. unter *www.drugcom.de*). Stelle deine Erkenntnisse der Klasse vor.

2. Trefft euch in einer Kleingruppe mit drei bis vier Schülern. Versucht, euch gegenseitig folgende Begriffe zu erklären:
   ▷ Saufen
   ▷ Kiffen
   ▷ Joint
   ▷ Junkie
   ▷ Trip

3. Kennst du den Ausspruch „Wissen schützt"? Was ist damit in Bezug auf Drogen gemeint? Bist du auch der Meinung, dass „Wissen" bezüglich Drogenkonsums schützt?

4. Findest du es wichtig, dass Jugendliche sich mit Drogen, deren Namen, Aussehen und Gebrauch auskennen? Warum? Suche dir einen Partner, und sprich mit ihm darüber.

5. Suche dir einen Partner. Erstellt zusammen ein Infoplakat. Dazu sucht ihr euch ein oben genanntes Rauschmittel aus der Liste. Sucht nach Bildern von dieser Droge im Internet (z.B. unter *www.drugcom.de*). Schreibt alle Informationen, die ihr über diese Droge finden könnt, mit auf das Plakat.

6. In verschiedenen Städten gibt es Drogenhilfevereine. Dort können sich ehemalige Drogenabhängige treffen. Oft gehen so genannte „Ex-User" auch in Schulen, um von ihrem Leben und ihrem Weg aus der Drogenabhängigkeit zu erzählen. Recherchiere im Internet nach einem solchen Verein in deiner Nähe (z.B. *www.drugstop.org*). Ladet als Klasse einen ehemaligen Abhängigen ein, und lasst euch von ihm über Drogen berichten.

HINTERGRUNDINFOS H 6   Kapitel 5 – Erste Drogenerfahrungen

Verschiedene Rauschmittel

„Rauschmittel" ist ein anderer Ausdruck für Drogen. Darunter versteht man alle Stoffe, die Menschen zu sich nehmen, um sich in einen Rausch zu versetzen. Dabei verändert sich meist die Wahrnehmung der Person, die die Rauschmittel nimmt. Das kann eine gewollte Wirkung oder eine unerwünschte Nebenwirkung sein. Drogen werden eingeteilt unter so genannte „legale Drogen", z.B. Alkohol und Nikotin. Die kann man kaufen, ohne sich strafbar zu machen. „Illegale Drogen" sind unerlaubte Rauschmittel. Einige davon sind z.B.:

- Cannabis, Haschisch und Marihuana
- Ecstasy
- Heroin
- Kokain
- LSD

Diese illegalen Drogen werden vom Gesetzgeber unter dem Betäubungsmittelgesetz (BtMG) §1 aufgeführt, weil sie
- abhängig machen und
- eine Gefährdung für die Gesundheit darstellen.

Informationen nach www.suchtmittel.de und, www.bundesrecht.juris.de

1. Neben den oben aufgezählten Drogen gibt es noch viele andere Stoffe, die abhängig machen. Erstelle ein Drogen-ABC, indem du zu jedem möglichen Buchstaben des Alphabets ein Suchtmittel findest. Recherchiere zu jeder der vorgestellten Drogen, woraus sie gewonnen wird und wie sie wirkt. Informationen dazu bekommst du z.B. unter *www.drugcom.de* Stelle deine Erkenntnisse der Klasse vor.

2. Gestaltet ein Klassenquiz zum Thema Drogen. Trefft euch dazu zu dritt oder viert, und überlegt euch etwa fünf Fragen zum Thema Drogen. Sammelt eure Fragebögen hinterher ein, und wertet sie aus. Wie gut kennen sich die Schüler eurer Klasse mit dem Thema „Rauschmittel" aus? Teilt der Klasse euer Ergebnis mit.

3. Illegale Drogen sind laut Gesetz verboten. Wie ist deine Meinung dazu? Sollen bestimmte Drogen generell verboten bleiben? Oder macht ein Verbot nur neugierig und verführt zum Ausprobieren? Diskutiert darüber in der Klasse.

4. Was findest du im Zusammenhang mit Drogenkonsum besser? Diskutiert darüber.
   - Informieren oder ignorieren?
   - Besprechen oder bestrafen?

5. In verschiedenen Städten gibt es Drogenhilfevereine. Oft gehen so genannte „Ex-User" in Schulen, um von ihrem Leben und ihrem Weg aus der Drogenabhängigkeit zu erzählen. Suche im Internet nach einem solchen Verein in deiner Nähe (z.B. *www.drugstop.org*). Ladet als Klasse einen ehemaligen Abhängigen ein, und lasst euch von ihm über Drogen berichten.

HINTERGRUNDINFOS **H 7** Kapitel 6 – Absturz

Gefahr Drogen

Autofahrt endet tödlich:
Junger Erwachsener unter Drogeneinfluss verliert Kontrolle über sein Fahrzeug

Jugendlicher stirbt nach Komasaufen

Überdosis: 16-Jähriger überlebt Heroinspritze nicht

Drogen haben schwerwiegende Folgen:
- Drogen machen abhängig. Der Körper hat sich an die Droge gewöhnt und braucht immer mehr davon.
- Schwere Entzugserscheinungen, z.B. Schüttelfrost, Schmerzen, Übelkeit usw., können eintreten. Das passiert, wenn man bereits abhängig ist und die Wirkung der Droge nachlässt.
- Drogen bewirken ein falsches Bild von der Wirklichkeit. Dadurch überschätzt man sich und seine Fähigkeiten. Das kann bei Unfällen tödliche Folgen haben.
- Zusätzlich werden illegale Drogen auf dem Schwarzmarkt verkauft. Diese werden natürlich nicht kontrolliert, sodass die Drogen manchmal mit schädlichen Zusatzstoffen gestreckt werden. Die Zusatzstoffe sind billiger als die Drogen selbst. So verdienen Dealer mit „unsauberen" Drogen mehr Geld.

Informationen nach www.helles-koepfchen.de

1. Lies den Text in Ruhe durch, und beantworte folgende Fragen in deinem Lektüre-Arbeitsheft:
   a. Warum ist es gefährlich, Drogen zu nehmen?
   b. Welchen Wirkungen können Drogen auf den Körper und die Psyche eines Menschen haben?

2. Drogen sind gefährlich, weil sie ein falsches Bild von der Wirklichkeit bewirken. Aber viele Menschen nehmen gerade wegen dieser Wirkung Drogen. Warum ist das so? Sprich mit deinem Tischnachbarn über deine Gedanken.

3. Viele Vereine und Verbände versuchen, Jugendliche über Drogen und deren Gefahren aufzuklären. Eine Kampagne dazu heißt „Keine Macht den Drogen". Was ist damit wohl gemeint?

4. Schaue dir im Internet die Seite *www.kmdd.de* an. Dort gibt es viele Informationen zu Drogen. Es werden auch Aktionen gegen Drogen vorgestellt, z.B. Jugendcamps. Wie findest du das? Diskutiert in der Klasse darüber.

5. Verfasse selbst einen Werbetext gegen Drogen, den du dir im Radio oder Fernsehen vorstellen könntest. Was könnte Jugendliche davon abhalten, Drogen zu nehmen?

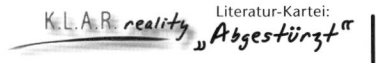

HINTERGRUNDINFOS **H 7**

Kapitel 6 – Absturz

Gefahr Drogen

Autofahrt endet tödlich:
Junger Erwachsener unter Drogeneinfluss verliert Kontrolle über sein Fahrzeug

Jugendlicher stirbt nach Komasaufen

Überdosis: 16-Jähriger überlebt Heroinspritze nicht

Drogen haben schwerwiegende Folgen: Sie machen abhängig, und man ist ständig damit beschäftigt, sich neue Drogen zu besorgen. Der Körper hat sich an die Droge gewöhnt und braucht immer mehr davon. Schwere Entzugserscheinungen können eintreten, wenn man abhängig ist und die Wirkung der Droge nachlässt. Drogen können außerdem das Bewusstsein und die Psyche massiv verändern. Man bekommt ein falsches Bild von der Wirklichkeit. Dadurch überschätzt man sich und seine Fähigkeiten. Das kann bei Unfällen tödliche Folgen haben. Zusätzlich werden illegale Drogen auf dem Schwarzmarkt verkauft. Diese werden natürlich nicht kontrolliert, sodass die Drogen manchmal mit schädlichen Zusatzstoffen gestreckt werden. So verdienen Dealer mit „unsauberen" Drogen mehr Geld.

Informationen nach www.helles-koepfchen.de

1. Fasse die wichtigsten Informationen aus dem Text zusammen: Wie verändern Drogen einen Menschen? Welche körperlichen Folgen hat der Drogenkonsum? Welche Gefahren bringen Drogen mit sich?

2. Als Gründe für Drogenkonsum haben befragte Jugendliche angegeben:
   ▷ Das machen alle in meinem Freundeskreis.
   ▷ Es macht ein tolles Gefühl.
   ▷ Ich muss nicht mehr an meine Probleme denken.

   Welche Gründe fallen dir noch ein, warum ein Jugendlicher zu Drogen greifen könnte? Was hältst du von diesen Gründen?

3. Viele Vereine und Verbände versuchen, Jugendliche über Drogen und deren Gefahren aufzuklären. Eine Kampagne dazu heißt „Keine Macht den Drogen". Schaue dir im Internet die Seite dazu (*www.kmdd.de*) an. Dort gibt es neben Informationen zu Rauschmitteln auch Aktionen gegen Drogen, z.B. Jugendcamps. Wie findest du das? Diskutiert in der Klasse darüber.

4. Verfasse selbst einen Werbetext gegen Drogen, den du dir im Radio oder Fernsehen vorstellen könntest. Was könnte Jugendliche davon abhalten, Drogen zu nehmen?

HINTERGRUNDINFOS **H 7**

Kapitel 6 – Absturz

Gefahr Drogen

Anzahl erstauffälliger Konsumenten harter Drogen in Deutschland von 2001 bis 2008

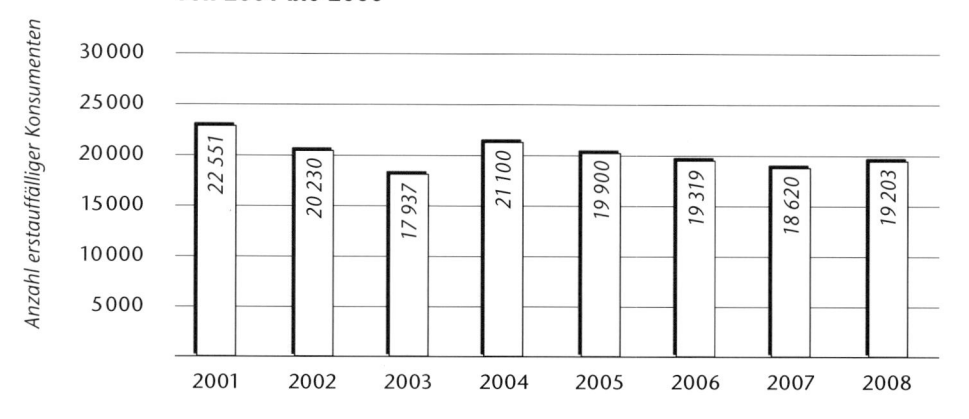

Jahr	Anzahl
2001	22 551
2002	20 230
2003	17 937
2004	21 100
2005	19 900
2006	19 319
2007	18 620
2008	19 203

Quelle: BKA, 2009

Drogen haben schwerwiegende Folgen: Sie machen abhängig, und man ist ständig damit beschäftigt, sich neue Drogen zu besorgen. Schwere Entzugserscheinungen, z.B. Schüttelfrost, Schmerzen, Übelkeit usw., können eintreten, wenn man bereits abhängig ist und die Wirkung der Droge nachlässt. Sie können außerdem das Bewusstsein und die Psyche massiv verändern. Man bekommt ein falsches Bild von der Wirklichkeit. Dadurch überschätzt man sich und seine Fähigkeiten. Das kann bei Unfällen tödliche Folgen haben.

Zusätzlich werden illegale Drogen auf dem Schwarzmarkt verkauft. Diese werden natürlich nicht kontrolliert, sodass die Drogen manchmal mit schädlichen Zusatzstoffen gestreckt werden. So verdienen Dealer mit „unsauberen" Drogen mehr Geld.

Auch wenn der Konsum harter Drogen in den letzten Jahren leicht zurückgegangen ist, sterben jährlich durchschnittlich immer noch 1 400 Menschen in Deutschland an den Folgen ihres Drogenkonsums.

Informationen nach www.helles-koepfchen.de und http://de.statista.com

1. Fasse die wichtigsten Informationen aus der Statistik in eigenen Worten zusammen: Wie hoch ist in etwa die Zahl der Abhängigen in Deutschland? Wie hat sie sich in den letzten Jahren verändert?

2. Im Text findest du Gefahren, die der Drogenkonsum mit sich bringt. Wie verändern Drogen einen Menschen? Welche körperlichen Folgen hat der Drogenkonsum?

3. Welche Gründe für Drogenkonsum haben Jugendliche? Überlege dir Situationen oder Auslöser, warum junge Menschen zu Drogen greifen. Sprich mit einem Partner darüber. Seid ihr gleicher Meinung?

4. Verfasse einen Werbetext gegen Drogen, den du dir im Radio oder Fernsehen vorstellen könntest. Was könnte Jugendliche davon abhalten, Drogen zu nehmen?

Material

MATERIAL

Karteikarten mit weiterführenden Aufgaben

M1 — Starke Leute brauchen keine Drogen!

Was findest du besonders stark an dir?
Schreibe deinen Namen als untereinander stehende Buchstaben auf ein Blatt Papier. Finde dann für jeden Buchstaben eine starke Eigenschaft von dir, die mit dem jeweiligen Buchstaben beginnt.

M2 — Nein und noch mal nein!

Zu Drogen solltest du „Nein!" sagen. Dabei gibt es ganz verschiedene Möglichkeiten, ein „Nein" zu äußern: laut, leise, zaghaft, zögernd, fest, wütend usw. Suche dir einen Partner. Probiert gemeinsam verschiedene Arten des „Nein"-Sagens aus. Wann passt welches „Nein"?

M3 — Wellness im Alltag

Du brauchst keine Drogen, um abzuschalten. Es gibt verschiedene Dinge, die deinen Alltag schöner machen können. Oder die dir bei Stress helfen, zur Ruhe zu kommen.
Nimm dir mehrere kleine Zettel. Schreibe auf jeden Zettel einen „Wellness-Vorschlag", z.B. **eine Tasse heiße Schokolade trinken, mit einer Freundin telefonieren, zum Kicken gehen** usw. Lege die Zettel in eine Dose oder Kiste. Immer wenn du dir etwas Gutes tun möchtest, kannst du nun einen Zettel mit einem Vorschlag dafür ziehen. So machst du „Wellness" im Alltag!

M4 — Pro und Kontra

Teile ein Blatt Papier in zwei Spalten auf. Über die eine Spalte schreibst du ein dickes Plus, über die andere ein kräftiges Minus. Sammle nun Gründe dafür und dagegen, Drogen zu nehmen. Was glaubst du, könnte toll an Drogen sein? Was für schlechte Auswirkungen haben Drogen? Denkst du, die vermeintlich schönen Seiten von Rauschmitteln wiegen die negativen Auswirkungen auf?

MATERIAL

Karteikarten mit weiterführenden Aufgaben

M6 – Drogen-Stopp!

Sicherlich kennst du Rauchverbotsschilder. Gestalte ein solches „Stopp"-Schild für andere Drogen, die du kennst.
Suche dir dazu Bilder aus Zeitschriften oder dem Internet, die du ausschneiden bzw. ausdrucken kannst. Klebe sie auf, und male, klebe oder spraye einen Rahmen, eine Warnung oder eine Ablehnung dazu. Hängt die so entstandenen Anti-Drogen-Plakate in eurem Klassenzimmer auf.

M5 – Anti-Drogen-Rap

Trefft euch zu viert oder fünft. Überlegt euch Stichwörter, die euch zum Thema „Drogen" einfallen. Versucht, damit eine kleine Geschichte in Reimform zu gestalten.
Wer von euch kann einen Rhythmus für den Text finden? Gestaltet daraus einen Rap, den ihr vor der Klasse vortragen könnt.

M8 – Noch Fragen?

„Wer nicht fragt, bleibt dumm!" Kennst du diesen Spruch? Nimm dir Zeit, alle deine Fragen, die du zum Thema AIDS hast, aufzuschreiben. Sammelt die Zettel aller Schüler ein. Du kannst den Zettel zusammenfalten und ohne deinen Namen abgeben. Versucht, anschließend gemeinsam alle Fragen zu beantworten.

M7 – Wirklich?

Suche dir einen Partner. Lest euch folgende Aussagen genau durch. Seid ihr der gleichen Meinung? Diskutiert darüber.

- Nur Schwule und Fixer bekommen AIDS.
- Ich finde, AIDS ist mittlerweile echt kein Thema mehr. Voll uncool.
- AIDS ist für mich kein Risiko, weil ich nicht drogenabhängig bin.
- Beim Trinken aus einem gemeinsamen Glas kann ich mich nicht mit AIDS anstecken.

MATERIAL

Karteikarten mit weiterführenden Aufgaben

M9 — Fotostory

Überlegt euch gemeinsam, wie ihr in der Klasse mit einem HIV-positiven Mitschüler umgehen würdet. Was wären eure Bedenken? Wie könntet ihr einen guten Kontakt zu dem Schüler herstellen? Überlegt euch eine Geschichte dazu. Spielt dann eure Idee in einzelnen Szenen nach. Macht von einzelnen Bildern einer Szene ein Foto. Klebt dann die Fotos der Reihe nach auf ein großes Plakat. Unter die Bilder schreibt ihr, was hier gerade passiert. So entsteht eure eigene Fotostory zum Thema „AIDS – wir wissen Bescheid!".

M10 — Wohin, wenn man noch Fragen hat?

Zum Thema AIDS findest du im Internet weitere Informationen. Gibt es ein neues Medikament, mit dem die Krankheit gelindert wird?
Wo gibt es Beratungsstellen in deiner Region?
Gibt es Gruppen, zu denen Betroffene gehen können?
Suche danach im Internet.

M11 — „AIDS" in Szene

Trefft euch zu dritt oder viert. Überlegt euch gemeinsam, wie ihr mit einem Schüler umgehen würdet, der HIV-positiv ist.
Wie wäre wohl eure erste Reaktion? Wie könntet ihr den Erkrankten unterstützen?
Erfindet eine kleine Szene, die ihr den anderen in der Klasse vorspielen könnt.

M12 — Gemeinsam gegen AIDS

Was könntest du tun, um über die Krankheit AIDS aufzuklären und Betroffene zu unterstützen?
Suche dir einen Partner, und sammle mit ihm Möglichkeiten, wie ihr euch als Einzelperson oder Klasse engagieren könnt, z.B. durch eine Ausstellung in der Schule, ein Theaterstück, einen Besuch in einer Klinik für Betroffene usw. Tragt alle Ideen zusammen. Stimmt darüber ab, und wählt eine Idee aus, die ihr dann umsetzen wollt.

Karteikarten mit weiterführenden Aufgaben

M13 – Was denkst du dazu?

Suche dir einen Partner. Überlegt euch, wie ihr zu folgenden Aussagen steht, und diskutiert darüber:

- Rauchen ist eine Einstiegsdroge.
- Wer Sport treibt, braucht keine anderen Kicks.
- Es ist mutig, eine eigene Meinung zu haben.
- Von bestimmten Dingen sollte man seine Finger lassen.

M14 – Mein Lebenstraum

Nimm dir einen Zettel, und schreibe oder male auf, wie du dir dein Leben in 20 Jahren vorstellst.
Welchen Beruf hast du? Hast du eine Familie, Kinder, Haustiere? Wo lebst du? In der Stadt, auf dem Land, in einem Haus oder einer Wohnung? Erfinde dein eigenes „Traumleben"!

M15 – Infos für alle

Wähle ein Thema aus dem Buch. Versuche, dazu Informationen im Internet zu finden. Stelle die interessantesten Infos zusammen. Versuche dann, deine Klasse in fünf Minuten über deine Erkenntnisse und deine Meinung dazu in einem kleinen Vortrag zu informieren.

M16 – Rasende Reporter

Suche dir einen Schüler, dessen Meinung dich interessiert. Führe mit ihm ein Interview, was er sich unter einem schönen und gelungenen Leben vorstellt.
Schreibe die Aussagen auf ein Plakat. Alle anderen, die diese Aktion durchführen, schreiben ihre Ergebnisse dazu. So entsteht ein Poster über verschiedene Lebenspläne.

MATERIAL

Karteikarten mit weiterführenden Aufgaben

M17

Eine Rezension schreiben

Schreibe eine Stellungnahme zu dem Roman für eure Schülerzeitung.
Was hat dir daran gefallen? Welche Themen fandest du interessant? Mache deine Mitschüler neugierig auf das Buch. Gib den Beitrag an die zuständigen Redakteure eurer Schülerzeitung weiter, und bitte sie, ihn unter der Rubrik „Lesenswert?" zu veröffentlichen.

M18

Gute Werbung/schlechte Werbung

Zu dem Thema Drogen gibt es auf Plakaten, im Rundfunk oder Fernsehen verschiedene Werbungen. Entweder wollen sie über Risiken oder Folgen aufklären, oder sie wollen für ein Rauschmittel Werbung machen. Suche verschiedene Beispiele für diese beiden Werbeziele.
Was hältst du davon? Findest du die Werbung gut? Trefft euch in einer Kleingruppe, und diskutiert darüber.

M19

Romanquiz

Schreibe für deinen Tischnachbarn ein Quiz zum Roman. Frage dabei nach wichtigen Personen, nach Ereignissen und angesprochenen Problemen. Vielleicht kannst du ein Raster für die Antworten so untereinander anordnen, dass gekennzeichnete Buchstaben ein Lösungswort ergeben?

M20

König der fremden Worte

Schreibe aus dem gerade gelesenen Kapitel alle Wörter auf einen Zettel, die du nicht kennst oder bei denen du dir nicht sicher bist, was sie bedeuten.
Suche dir zwei Partner, die sich ebenso Fremdwörter oder schwierige Worte aus dem Text notieren. Gebt nun euren Zettel an die anderen beiden weiter. Jeder schreibt darunter, was die einzelnen Worte bedeuten könnten. Schlage jedes Wort dann in einem Lexikon nach. Derjenige, der am häufigsten der wirklichen Bedeutung der Worte am nächsten kommt, ist der „König der fremden Worte".

MATERIAL

Karteikarten mit weiterführenden Aufgaben

M22 Wie geht's, wie steht's?

Merken andere Leute, wie du dich gerade fühlst? Kannst du bei anderen erkennen, wie es ihnen geht? Gefühle und Stimmungen kann man nicht nur sagen. Dein Körper verrät sie häufig einfach durch deine Haltung und deinen Gesichtsausdruck.

Suche dir einen Partner. Stelle ohne Worte ein bestimmtes Gefühl dar. Kann dein Partner erkennen, welches Gefühl du spielst? Tauscht anschließend die Rollen.

M24 Buchhändler

Als Buchhändler ist es wichtig, verschiedene Bücher und deren Inhalt zu kennen. So kann man Kunden beraten und Bücher gut verkaufen. Mache eine kleine „Bücherliste" über alle Bücher, die du kennst. Schreibe Stichpunkte dazu, welchen Inhalt das Buch hat, für wen es geeignet ist und wie es dir gefallen hat. Stellt euch dann gegenseitig eines eurer Lieblingsbücher vor, und macht Werbung dafür.

M21 Brief an dich

Schreibe dir selbst einen Brief. Was macht dir im Moment Spaß, bringt Glück und gute Stimmung? Was magst du an dir? Welche Pläne hast du noch für dein weiteres Leben? Was wünscht du dir?

Bewahre diesen Brief an einem geheimen Ort auf. Du kannst ihn zu einem besonderen Anlass in der Zukunft wieder hervorholen, z.B. zu deinem nächsten Geburtstag. Bestimmt ist es dann wirklich überraschend, zu sehen, was schon aus dir geworden ist oder welche Wünsche sich erfüllt haben.

M23 Gemeinschaftsaktion

Überlegt euch in der Klasse, was euch zu den Themen dieses Buches noch interessieren würde.

Plant einen gemeinsamen Unterrichtsgang zu einer geeigneten Anlaufstelle, bei der ihr weitere Eindrücke zum Thema bekommen könnt. Macht beispielsweise einen Termin in der Suchtberatungsstelle oder in einer Entgiftungsklinik.

MATERIAL

Bildmaterial

M 25

Vorsicht ist besser als Nachsicht!

AIDS

© Rike/pixelio.de

M 26

POSITIV ↑

NEGATIV

© Marem/Fotolia.com

Bildmaterial

M 27

© Thomas Sturm/pixelio.de

M 28

© Thomas Näther/fotolia.com

MATERIAL

Bildmaterial

M 29

© M. Bartel/digitalstock.de

M 30

© Claudia Hautumm/pixelio.de

MATERIAL

Bildmaterial

M 31

© Stephanie Hofschlaeger/PIXELIO.de

M 32

© Marco Korf/PIXELIO.de

Lösungen

Die hier aufgeführten Lösungen beziehen sich jeweils nur auf Fragen, die die Schüler konkret anhand des Romantextes beantworten können. Deshalb gibt es nur Lösungen für den Textverständnisteil. Alle Fragen, die „offen" gestaltet sind und die keine eindeutige Antwort zulassen, werden in diesem Lösungsteil nicht aufgegriffen.

▷ Seite 6
Ein autobiografischer Jugendroman

1. Eine Autobiografie ist eine Lebensbeschreibung einer Person, die von dieser Person selbst verfasst wird.
2. Marie möchte nicht erkannt werden, damit sie nicht immer von anderen Menschen auf ihre Lebensgeschichte angesprochen wird. Marie hat nämlich nicht immer nur schöne Dinge erlebt.
5. siehe Antwort zu Frage 1.

▷ Seite 7
Metapher

1. Frage 1 → Antwort b,
   Frage 2 → Antwort c
2. ▸ Es war ein großer Schritt für mich, mich wie ein offenes Buch lesen zu lassen (Seite 8).
   ▸ Aber ich wollte diese Angst überwinden und nicht vor ihr davonlaufen, wie ich es früher gemacht hätte (Seite 8).
   ▸ Im Leben gibt es oft Abzweigungen, und ich bin ein paar Mal falsch abgebogen (Seite 8).
3. Marie möchte ihre Angst überwinden und nicht, wie früher, vor ihr davonlaufen. Außerdem hofft sie, dass sie dem Leser ihre Geschichte näherbringen kann und ihm so hilft, nicht die gleichen Fehler wie sie zu machen.

▷ Seite 8
Maries Kindheit

1. a. ▸ richtig
   b. ▸ falsch: Sie wuchs nur bei ihrer Großmutter auf.
   c. ▸ falsch: Zu diesem Zeitpunkt hat sie bereits einen Bruder.
   d. ▸ falsch: Maries Mutter verachtete es, dass sie ihrem Vater ähnlich war.
   e. ▸ falsch: Marie konnte ihren Vater selten sehen.
3. a. Maries Mutter war drogenabhängig und konnte sich nicht richtig um Marie kümmern.
   b. Marie wuchs einige Zeit bei ihrer Großmutter auf. Sie erlebt dort ihre Kindheit als sorgenfrei und harmonisch.
   c. Maries Mutter trat den Baptisten bei, nahm keine Drogen mehr und gab das Rauchen auf. Zu Günther sagte Marie bald „Papa" und akzeptierte ihn als neuen Freund ihrer Mutter.
   d. Maries leiblicher Vater trank Alkohol, nahm Heroin und rauchte Marihuana. Das erfuhr Marie erst viel später von einem Bekannten.

▷ Seite 9
Drogenabhängige Eltern

1. Alkohol, Heroin, Marihuana
3. Maries Mutter, ihr Stiefvater Günther und ihr leiblicher Vater waren drogenabhängig.

▷ Seite 10
Maries kleine Brüder

1. sieben Jahre / Kaiserschnitt / HI-Virus / Haushaltshilfe / die Kinder / Günther / Krankenhaus / beschützen / stark sein
3. Marie wollte ihre Brüder beschützen, nahm sie mit nach draußen und schob Felix im Kinderwagen.

▷ Seite 11
Abschied von der Mutter

2. ▸ Gürtelrose
   ▸ Abzess im Gehirn
   ▸ Geschwüre auf der Kopfhaut
   ▸ eitrige Wunden
3. ▸ „Du hast so schöne Ringe! Wenn ich groß bin, möchte ich auch so welche haben!", sagte ich. (Seite 28)
   ▸ „Ich werde sterben, Marie. Wenn es so weit ist, kannst du sie alle haben", erwiderte meine Mutter. (Seite 28)
   ▸ Mein Ohr berührte ihren Mund. Leise flüsterte sie: „Weine nicht, Liebgesicht." (Seite 34)
5. Marie lenkte sich vor allem durch Freunde in der Schule, durch Spielen mit ihren Brüdern und durch selbstständiges Verhalten ab.
6. Marie hatte ihren Vater kaum gekannt.

▷ Seite 12
Trauer

1. ▸ Sie kommt nicht mehr wieder!
   ▸ Die folgenden Tage und Wochen verschwimmen in meinem Gedächtnis.
   ▸ Alles vermischte sich zu einem dumpfen Gefühl.

Lösungen

- ▸ Ich konnte es nicht begreifen.
- ▸ Wie ein Sog, der mich in die Tiefe zog.

3. **Marie:** hatte ein dumpfes Gefühl, wie ein Sog, der sie in die Tiefe zog; schläft bei Günther im Ehebett
Günther: trat aus der Kirchgemeinde aus, trank, nahm wieder Drogen, verschwand immer wieder
Felix: weinte und schrie nach seiner Mutter

▷ **Seite 13**
Marie und Günther

1. Die Aussagen c, d und f sind falsch.

3. **a.** Z.B.: „Dann verschwand er immer mal wieder, manchmal tagelang." *(Seite 35/36)*.
b. Z.B.: „In dieser Zeit pumpte er sich mit allen Arten von Drogen voll." *(Seite 36)*.
c. Z.B.: „Ich legte mich hin, und er cremte mich ein – länger, als es nötig gewesen wäre. Ich bat ihn, aufzuhören." *(Seite 38)*.
d. Z.B.: „Günther hatte sich nämlich einen Cocktail aus verschiedenen Drogen gemischt. Hätte er noch lange dort gelegen, wäre er nicht wieder aufgewacht." *(Seite 40)*.

▷ **Seite 14**
In der Pflegefamilie

1. Die Fischers waren mit **meiner Mutter** befreundet. Manchmal besuchten sie uns Kinder und brachten uns **Essen** vorbei. Ich konnte mir **gut vorstellen**, eine Weile bei ihnen zu bleiben, denn ich fand sie ganz **nett**. So verbrachte ich ein paar Wochen bei ihnen. Ich ging fest davon aus, dass ich bald wieder **zu meinen Brüdern und zu Günther** zurückgehen würde. Bis **Johann** Fischer eines Abends nach Hause kam und verkündete, dass ich nun ihr Pflegekind wäre. Ich war so vor den Kopf gestoßen, dass ich nur noch in mein Zimmer lief und **die Tür zuknallte**. Jetzt erst hatte ich Zeit, richtig um meine Mutter zu trauern. Ich fand es so ungerecht. Mama war erst **27** Jahre alt gewesen, als sie starb. Die Fischers **verstanden mein Verhalten nicht**.
(Seite 41–44)

▷ **Seite 15**
Marie und die Liebe

1. „Sex findet nur in der Ehe statt." → Johann Fischer
„Was soll die blöde Fragerei?" → Marie
„Jetzt ist er total durchgedreht." → Marie
„Du hast doch bestimmt mit Jungs herum gelungert!?" → Johann Fischer
„Gehorche, und befolge Gottes Gesetz!" → Johann Fischer

▷ **Seite 16**
Zurück zur Oma

1. **a.** Wahnvorstellungen und Depressionen
b. In einer psychiatrischen Klinik
c. Omas Schlafzimmer
d. Klara, Maja, Justine, Leonie, Dirk

3. ▸ „Ich bin ein Halbgott", behauptete sie. *(Seite 55)*
▸ „Ich bin schwanger und bekomme Drillinge", sagte sie ein anderes Mal. *(Seite 55)*
▸ Da sagte sie plötzlich: „Marie, du sollst deine Mutter zurückbekommen." *(Seite 55)*
▸ Sie fing an, zu weinen, und mit wackeliger Stimme sagte sie: „Der Satan hat ihre Seele, und ich habe einen Plan, wie ich sie von ihm zurückkriege." *(Seite 55)*
▸ Oft schlug sie auch gegen ihren Heizkörper, weil sie glaubte, dass ihre Nachbarn dasselbe täten, um sie zu tyrannisieren. Dann sagte sie: „Hörst du, Marie? Sie bollern schon wieder gegen die Heizung!" *(Seite 56)*

▷ **Seite 17**
Erste Drogenerfahrungen

1. wahr ist:
▸ „Ich fühle mich jung und frei."
▸ „Ich möchte so gerne, dass mich ein Junge liebt."

3. ▸ Alle in der Runde zogen an dieser Dose, und wir machten natürlich auch mit. Schließlich gehörten wir dazu und wollten uns nicht selbst ausschließen. *(Seite 58)*
▸ Ich war 15 und die Gesetze, die bei meinen Eltern gegolten hatten, schienen mir längst überholt. Warum sollte ich süchtig werden? Das passiert immer nur anderen, dachte ich. *(Seite 58)*
▸ Wenn wir uns dann dort trafen, nahmen wir oft Drogen, unterhielten und küssten uns. Ich hatte in seiner Nähe das Gefühl, dass ich angekommen war. Dass ich

Lösungen

jemanden gefunden hatte, der mich verstand und den ich auch verstehen konnte. *(Seite 61)*

▷ **Seite 18**
Absturz

1. a. Marianne
   b. bei ihrer Großmutter, bei ihrer Mutter und ihrem Stiefvater, bei der Pflegefamilie Fischer.
   c. zwei Brüder
   d. Dirk
   e. einen Hund
2. ▸ Shore
   ▸ das Zeug
   ▸ ein Blech rauchen
   ▸ spritzen

▷ **Seite 19**
Marie und Justus

1. Justus unterstellt Marie, dass sie ihm nicht vertraut; Justus zieht sich von Marie zurück und versteckt sich hinter seiner starken Fassade; er scheint sich für Marie zu schämen und tut in der Öffentlichkeit so, als sei sie nicht seine Freundin; er stellt Marie seinen Freunden nicht vor; macht sie schlecht und flirtet mit anderen Frauen.
3. Justus erinnert Marie an Günther.

▷ **Seite 20**
Die erste eigene Wohnung

1. stolz, „freies" Leben, selbstständig, vermisste Mutter usw.
3. **gelingt Marie gut:** selbstständig, hat Wohnung mit wenig Geld charmant eingerichtet, hat Freunde
Schwierigkeiten: kann nicht mit Geld umgehen, ist immer seltener in der Schule, „Familie-Schlauchen", wird von der Schule geschmissen, beklaut Majas Bruder

▷ **Seite 21**
Schiefgelaufen

1. a → 2
   b → 1
   c → 5
   d → 3
   e → 4
4. a. zieht bei Oma aus, klaut Zigaretten bei ihrer Oma
   b. nutzt Familien der Freunde aus, beklaut Bruder der Freundin
   c. schwänzt, wird von der Schule geschmissen
   d. kann sich Wohnung nicht mehr leisten und zieht aus

▷ **Seite 22**
Beziehungen zerbrechen

1. a. die Miete
   b. ihre Drogensucht
   c. in verschiedene Wohnungen und Unterkünfte
   d. zu ihren Freunden abgebrochen
2. Leonie, Maja, Justine
3. a. hohe Schulden
   b. abschreckender Lebensstil
   c. Streit, Marie beklaut ihn

▷ **Seite 23**
Geld für Drogen

1. anbetteln → Vermieter
   Schulden machen → Gäste des Imbisses
   Glücksspiel → Spielothekbesitzer
2. Alkohol, Ectasy, andere „Party-Drogen"

▷ **Seite 24**
Veränderungen

1. **alte Muster:** wieder Kontakt mit Justus, kiffen, Herzklopfen beim Gedanken an Justus
   positive Veränderungen: Umzug, Entzug geschafft, Abendrealschule, Nebenjob

▷ **Seite 25**
Marie und Marcel

1. a. Marcel, ein guter Freund […]. *(Seite 106)*
   b. […] hatte in Marcel einen wirklich treuen und lieben Gefährten gefunden. *(S. 108)*
   c. Ich kam dann tatsächlich mit Marcel zusammen. Ich schlitterte direkt in die nächste Beziehung […]. *(Seite 108)*

▷ **Seite 26**
Neuanfang

1. a. 22 Jahre
   b. eine Abtreibung
   c. Er wollte zu Marie halten und das Baby von Anfang an haben
   d. Pauline

Literatur- und Linktipps

Literatur

Thien, Matthias / Weber, Annette:
Abgehauen. Ein autobiografischer Jugendroman.
Verlag an der Ruhr, 2009
ISBN 978-3-8346-0574-0

*Redaktionsteam
Verlag an der Ruhr:*
**K.L.A.R. reality –
Literatur-Kartei:
Abgehauen. Ein autobiografischer Jugendroman.**
Verlag an der Ruhr, 2009
ISBN 978-3-8346-0573-3

Bundeszentrale für Gesundheitliche Aufklärung – Verschiedene Broschüren, z.B.:
HIV/AIDS von A bis Z.
Bestell-Nr. 70010000
Schule und Cannabis.
Bestell-Nr. 20 460 000

Hinweis:
Die in diesem Werk angegebenen Internetadressen haben wir geprüft (Stand Juli 2009).
Da sich Internetadressen und deren Inhalte schnell verändern können, ist nicht auszuschließen, dass unter einer Adresse inzwischen ein ganz anderer Inhalt angeboten wird. Wir können daher für die angegebenen Internetseiten keine Verantwortung übernehmen.

Links

▷ **www.aidshilfe.de**
Homepage des Vereins „Deutsche AIDS-Hilfe e.V.". Hier gibt es Informationen und Materialien zum Thema HIV und AIDS.

▷ **www.aids-stiftung.de**
Homepage der 1987 gegründeten Stiftung, die sich weltweit um AIDS-Patienten und um Prävention kümmert.

▷ **www.drugcom.de**
Internetportal der Bundeszentrale für gesundheitliche Aufklärung zur Suchtprävention für Jugendliche. Auf der ansprechenden Seite findet man Informationen, Tests und aktuelle Aktionen.

▷ **www.drugstop.org**
Homepage des Vereins „Drugstop e.V.", der Selbsthilfegruppen anbietet und mit ehemaligen Drogenabhängigen Präventionsveranstaltungen an Schulen organisiert.

▷ **www.gegen-missbrauch.de**
Hier stellt der Verein „Gegen Missbrauch e.V." Adressen, gesetzliche Grundlagen und Informationen zur Verfügung.

▷ **www.gib-aids-keine-chance.de**
Homepage der Kampagne der Bundeszentrale für gesundheitliche Aufklärung. Hier kann man Informationen und Beratung bekommen sowie verschiedene Materialien bestellen.

▷ **www.kmdd.de**
Homepage des Fördervereins „Keine Macht den Drogen e.V.", der Aktionen und Kampagnen gestaltet.

▷ **www.machsmit.de**
Seite einer Kampagne der Bundeszentrale für gesundheitliche Aufklärung. Die Kampagne wirbt für „Safer Sex".

▷ **www.suchtmittel.de**
Auf dieser Seite kann man sich über verschiedene Drogen und deren Wirkungsweise informieren.

▷ **www.trauernde-kinder.de**
Auf der Seite des Zentrums für trauernde Kinder bekommen Kinder und Jugendliche Hilfe bei der Trauerbewältigung.

▷ **www.welt-aids-tag.de**
Homepage zur Kampagne „mit der roten Scheife". Jährlich im Dezember findet der Welt-AIDS-Tag statt, und Prominente engagieren sich als Botschafter dafür. Hier kann man seine eigene Botschaft zum Thema „Gemeinsam gegen AIDS" ins Netz stellen.

Verlag an der Ruhr

Postfach 10 22 51,
45422 Mülheim an der Ruhr

Alexanderstraße 54,
45472 Mülheim an der Ruhr

Bitte richten Sie Ihre Bestellung an:

Telefon 05 21 / 97 19 330
Fax 05 21 / 97 19 137

bestellung@cvk.de

Es gelten die aktuellen Preise auf unserer Internetseite.

■ **Produktive Unterrichtseinstiege**
100 motivierende Methoden für die Sekundarstufen
Kl. 5–13, 134 S., 16 x 23 cm, Pb.
ISBN 978-3-8346-0022-6
Best.-Nr. 60022
15,80 € (D) / 16,25 € (A) / 27,60 CHF

■ **Unterrichtseinheiten erfolgreich abschließen**
100 ergebnisorientierte Methoden für die Sekundarstufen
Kl. 5–13, 137 S., 16 x 23 cm, Pb.
ISBN 978-3-8346-0153-7
Best.-Nr. 60153
15,80 € (D) / 16,25 € (A) / 27,60 CHF

■ **Produktive Arbeitsphasen**
100 Methoden für die Sekundarstufe
Kl. 5–13, 152 S., 16 x 23 cm, Pb.
ISBN 978-3-8346-0325-8
Best.-Nr. 60325
15,80 € (D) / 16,25 € (A) / 27,60 CHF

■ **Bessere Chancen für alle durch individuelle Förderung**
Die besten Methoden
Kl. 5–10, 182 S., A5, Pb.
ISBN 978-3-8346-0381-4
Best.-Nr. 60381
17,80 € (D) / 18,30 € (A) / 31,20 CHF

■ **Lerncoaching**
Vom Wissensvermittler zum Lernbegleiter. Grundlagen und Praxishilfen.
Für alle Schulstufen, 140 S., 16 x 23 cm, Pb., zweifarbig
ISBN 978-3-8346-0393-7
Best.-Nr. 60393
17,80 € (D) / 18,30 € (A)

■ **Erfolgreich unterrichten – Für Profis, Quereinsteiger und Externe**
Tipps zu den 55 häufigsten Stolperfallen
Für alle Schulstufen, 144 S., 16 x 23 cm, Pb.
ISBN 978-3-8346-0340-1
Best.-Nr. 60340
17,80 € (D) / 18,30 € (A) / 31,20 CHF

■ **Mit guten Fragen lernt man besser**
Die besten Fragetechniken für den Unterricht
Kl. 1–7, 186 S., 16 x 23 cm, Pb.
ISBN 978-3-8346-0382-1
Best.-Nr. 60382
17,80 € (D) / 18,30 € (A) / 31,20 CHF

■ **Gegen Chaos und Disziplinschwierigkeiten**
Eigenverantwortung i.d. Klasse fördern
9 J., 180 S., A5, Pb.
ISBN 978-3-86072-916-8
Best.-Nr. 2916
13,50 € (D) / 14,90 € (A) / 25,90 CHF

■ **Wenn Sanktionen nötig werden: Schulstrafen**
Warum, wann und wie?
Kl. 5–13, 157 S., 16 x 23 cm, Pb.
ISBN 978-3-8346-0324-1
Best.-Nr. 60324
17,80 € (D) / 18,30 € (A) / 31,20 CHF

■ **Der Klassenrat**
Ziele, Vorteile, Organisation
Für alle Schulstufen, 165 S., A4, Pb.
ISBN 978-3-8346-0060-8
Best.-Nr. 60060
21,80 € (D) / 22,40 € (A) / 38,20 CHF

■ **Schnelles Eingreifen bei Mobbing**
Strategien für die Praxis
Für alle Schulstufen, 128 S., 16 x 23 cm, Pb.
ISBN 978-3-8346-0450-7
Best.-Nr. 60450
14,80 € (D) / 15,20 € (A) / 26,10 CHF

...einer darf zurückbleiben!

Informationen und Beispielseiten unter
www.verlagruhr.de

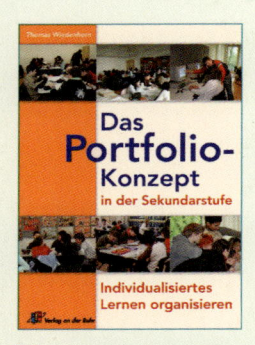

■ Das Portfolio-Konzept in der Sekundarstufe
Individualisiertes Lernen organisieren
Kl. 5–13, 98 S., A4, Pb., zweifarbig
ISBN 978-3-8346-0152-0
Best.-Nr. 60152
19,80 € (D)/20,35 € (A)/34,70 CHF

■ Portfoliomappe Selbstdisziplin
10–16 J., 116 S., A4, Pb.
ISBN 978-3-8346-0341-8
Best.-Nr. 60341
19,50 € (D)/20,– € (A)/34,20 CHF

■ Portfoliomappe Berufsfindung
Arbeitsmaterialien zur Selbsteinschätzung
12–21 J., 167 S., A4, Spiralb.
ISBN 978-3-8346-0409-5
Best.-Nr. 60409
21,50 € (D)/22,10 € (A)/37,70 CHF

■ „Hab ich voll verpeilt, Alter!"
Alltagskommunikation trainieren mit Jugendlichen
13–18 J., 112 S., A4, Pb.
ISBN 978-3-8346-0499-6
Best.-Nr. 60499
20,50 € (D)/21,10 € (A)/35,90 CHF

■ Stimmt das wirklich?
Informationen beschaffen, bewerten, benutzen
Kl. 6–10, 129 S., A4, Pb.
ISBN 978-3-8346-0456-9
Best.-Nr. 60456
19,80 € (D)/20,35 € (A)/34,70 CHF

■ Aufsatzkorrekturen fair und transparent
Checklisten und Beurteilungshilfen
Kl. 5–10, 97 S., A4, Pb. mit CD-ROM
ISBN 978-3-8346-0328-9
Best.-Nr. 60328
19,80 € (D)/20,35 € (A)/34,70 CHF

■ 100 Ideen für die Arbeit mit Lyrik
Lyrik schreibend erkunden
Kl. 5–7, 56 S., A4, Papph.
ISBN 978-3-8346-0509-2
Best.-Nr. 60509
18,50 € (D)/19,– € (A)/32,40 CHF

■ Foto-Kartei Sprachunterricht
40 Bildimpulse fürs Sprechen, Schreiben und szenische Spiel
Kl. 5–10, A5 quer, Spiralb., vierf., 40 vierf. Karten + 30-seitiges Begleitmaterial
ISBN 978-3-8346-0513-9
Best.-Nr. 60513
19,80 € (D)/20,35 € (A)/34,70 CHF

■ „Alle Juden sind…"
50 Fragen zum Antisemitismus
14–99 J., 184 S., 16 x 23 cm, Pb., vierf.
ISBN 978-3-8346-0408-8
Best.-Nr. 60408
19,50 € (D)/20,– € (A)/34,20 CHF

■ Kann ICH die Welt retten?
verantwortungsvoll leben – clever konsumieren
13–19 J., 114 S., A4, Pb.
ISBN 978-3-8346-0452-1
Best.-Nr. 60452
19,80 € (D)/20,35 € (A)/34,70 CHF

■ Wertlos – Wertvoll
Recycling-Ideen für den Kunstunterricht
Kl. 5–10, 96 S., A4, Pb. (mit vierf. Abb.)
ISBN 978-3-8346-0473-6
Best.-Nr. 60473
20,50 € (D)/21,10 € (A)/35,90 CHF

■ Kunst mit dem, was da ist
Ideen für (un)geplante Kunststunden Klasse 5–7
Kl. 5–7, 96 S., 16 x 23 cm, Spiralb., vierf.
ISBN 978-3-8346-0472-9
Best.-Nr. 60472
17,80 € (D)/18,30 € (A)/31,20 CHF

Keiner darf zurückbleiben!

Informationen und Beispielseiten
www.verlagr